# 富起来

## 改革开放40年

武力 王蕾 著

# 强起来

北京时代华文书局

**图书在版编目（CIP）数据**

富起来　强起来：改革开放 40 年 / 武力，王蕾著 . -- 北京：北京时代华文书局，2018.10
ISBN 978-7-5699-2432-9

Ⅰ．①富… Ⅱ．①武… ②王… Ⅲ．①改革开放－研究－中国 Ⅳ．① D61

中国版本图书馆 CIP 数据核字 (2018) 第 112323 号

**富起来　强起来：改革开放 40 年**

Fu Qilai Qiang Qilai: Gaige Kaifang 40 Nian

著　　者 | 武　力　王　蕾

出 版 人 | 王训海
策划编辑 | 余　玲
责任编辑 | 徐敏峰　周海燕
装帧设计 | 观止堂 _ 未氓　孔舒琴
责任印制 | 刘　银

出版发行 | 北京时代华文书局 http://www.bjsdsj.com.cn
　　　　　北京市东城区安定门外大街 136 号皇城国际大厦 A 座 8 楼
　　　　　邮编：100011　电话：010 - 64267955　64267677
印　　刷 | 北京凯德印刷有限责任公司　010-87743828
　　　　　（如发现印装质量问题，请与印刷厂联系调换）
开　　本 | 710mm×1000mm　1/16　　印　　张 | 19　　字　　数 | 266 千字
版　　次 | 2018 年 12 月第 1 版　　　　印　　次 | 2019 年 3 月第 2 次印刷
书　　号 | ISBN 978-7-5699-2432-9
定　　价 | 58.00 元

# 目　录

# 前　言

改革开放是当代中国最鲜明的特色，1978年以来，中国正是通过改革开放才调动了国内各种积极因素、优化了资源配置，抓住了经济全球化的机遇，实现了高速发展。可以说，没有改革开放，就没有中国特色社会主义道路、制度和理论，中国就没有今天这样的国际地位。但是同时，中国还是一个发展中国家，还处于社会主义初级阶段，中国的发展，中华民族的伟大复兴，还有很多体制机制问题没有解决，例如发展方式转变还没有完成，共同富裕还没有实现，生态环境治理任务依然繁重，国际环境复杂多变。因此，中国还需要继续坚定不移地推进改革开放。

## 一、改革开放的历程和成效

1978年以来的改革开放历史，是在中国共产党的领导下，对前30年形成的社会主义经济、政治、文化、社会体制机制的全面改革和不断完善的历史，也是对外开放，融入世界发展潮流，充分利用国际资源和国际市场，与世界各国合作共赢、共同发展的历史。

中华人民共和国建立以后，受当时国际环境和国内资金匮乏的约束，为了国家安全和尽快突破"贫困陷阱",中国向苏联学习,采取了社会主义工业化战略,并很快建立起与之相适应的单一公有制和计划经济体制。这种经济体制虽然保证了优先发展重工业战略和高积累下的社会稳定,但是却不适应生产力发展的差异性和多样性,不利于调动人民群众的积极性和充分利用国内外各种资源,也不能发挥市场调节的灵活性和及时性。因此,当国际形势缓和、国家安全问题解决、独立工业体系基本建立后,这种优先发展重工业的不平衡和高积累下人民生活水平长期得不到改善的矛盾就突出出来,特别是"文化大革命"带来的破坏,又扩大了中国与周边国家和地区的差距,这些都导致了"文革"结束后中国共产党人和全国人民进行反思和产生改革开放的愿望。正如邓小平在1977年12月尖锐地指出那样:"人民生活水平不是改善而是后退叫优越性吗?如果这叫社会主义优越性,这样的社会主义我们也可以不要。"[①]

因此,迅速改变人民生活贫困状况的迫切愿望,特别是开眼看世界后发现中国与世界发展的差距正在拉大的巨大压力,就成为中国共产党在1978年以后突破传统思想束缚、推动改革开放的最大动力。而1978年春天开展的以"真理标准大讨论"为标志的思想解放运动,则为1978年底的中共十一届三中全会拉开改革开放大幕做了思想准备。

中共十一届三中全会以后,邓小平一再强调要大力发展生产力和改善人民生活。1980年4月,邓小平说:"根据我们自己的经验,讲社会主

---

① 《邓小平思想年谱(1975-1997)》,中央文献出版社1998年版,第53页。

义，首先就要使生产力发展，这是主要的。只有这样，才能表明社会主义的优越性。社会主义经济政策对不对，归根到底要看生产力是否发展，人民收入是否增加。这是压倒一切的标准。"①随着改革开放的成效日益增加并且各个阶层都成为改革开放的受益者，1984年中共十二届三中全会以后，改革开放从局部走向全面，到1987年中共十三大上，则形成了完整的社会主义初级阶段理论和"一个中心、两个基本点"的总路线。1992年中共十四大，则进一步明确了改革目标是建立社会主义市场经济。

此后，在中国共产党的基本路线指导下，以经济建设为中心，实施建设"小康社会"的三步走战略。在国内方面，加快改革和建立社会主义市场经济体制；在国际方面，则紧紧抓住经济全球化的机遇，充分利用国外市场和国外资源。中国经济和社会发展走上了令世界称奇羡慕的快车道。

到2000年，中国提前实现了人均收入比1980年"翻两番"的小康社会目标。但是在实现这个目标的过程中，1997年中国首次出现了"买方市场"，中国经济发展开始由过去的 "供给约束型"转变为"需求约束型"，为了更好地领导这个阶段的经济社会转型和发展，中国共产党完整地表述了邓小平理论并提出了"三个代表"重要思想。在这个阶段，一些发展中的问题也日益突出，例如东部沿海地区与西部地区的经济发展差距不断扩大，内需不足、环境污染严重以及"三农"问题突出。因此，中国从新世纪开始进入了"全面建设小康社会"阶段。

---

① 《邓小平文选》第二卷，人民出版社1994年版，第314页。

在全面建设小康社会阶段，中国共产党提出了科学发展观，中国实施了"西部大开发"战略，加入了世界贸易组织，实行了"工业反哺农业，城市支持乡村"的政策，取消了实行了两千多年的农业税，这是中国从农业国转为工业国的重大标志。中共十八大以后，中国又从"全面建设小康社会"转变到"全面建成小康社会"，统筹推进"五位一体"总体布局和协调推进"四个全面"战略布局，以"全面从严治党""全面深化改革""全面依法治国"、扩大对外开放来保证"全面建成小康社会"和实现中华民族的伟大复兴，紧紧抓住供给侧改革这个转变发展方式的关键，打好防范金融风险、整体脱贫和治理环境三大攻坚战，确保到2020年全面建成小康社会，基本实现工业化。中共十九大又提出了中国特色社会主义新时代的目标和任务，中国的发展和改革开放进入了一个新的历史时期。

## 二、改革开放的性质、标准和经验

中国的改革开放是最近40年来中国社会最深刻，也是最伟大的变革，它是中国共产党领导中国人民为建设社会主义现代化强国而进行的最成功实践。但是中国为什么要改革开放，改革开放的性质、目的和检验得失的标准是什么，这些问题的答案对领导改革开放的中国共产党来说，始终是明确的。

（一）中国改革开放的性质、目的和检验标准

首先，改革开放是为了解放和发展社会生产力，加快中国现代化的步伐。1978年开启改革开放，就是以此为目的的。1992年初，因国内外形势变化，国内一部分人对中国的改革开放应何去何从在认识上出现迷茫时，

邓小平在"南方谈话"中明确提出了检验改革开放的标准："应该主要看是否有利于发展社会主义社会的生产力，是否有利于增强社会主义国家的综合国力，是否有利于提高人民的生活水平。"此后，三个"有利于"标准就成为检验改革开放和发展中国特色社会主义道路、制度、理论以及各项政策的根本标准。

第二，改革开放必须在中国共产党的全面领导下进行。正如习近平所指出的那样："我国社会主义政治制度优越性的一个突出特点是党总揽全局、协调各方的领导核心作用，形象地说是'众星捧月'，这个'月'就是中国共产党。在国家治理体系的大棋局中，党中央是坐镇中军帐的'帅'，车马炮各展其长，一盘棋大局分明。如果中国出现了各自为政、一盘散沙的局面，不仅我们确定的目标不能实现，而且必定会产生灾难性后果。"①

第三，改革开放是为了完善和发展中国社会主义制度和实现共同富裕，而不是照搬和模仿其他发达国家的现代化道路和模式。正如习近平所说："当代中国的伟大社会变革，不是简单延续我国历史文化的母版，不是简单套用马克思主义经典作家设想的模板，不是其他国家社会主义实践的再版，也不是国外现代化发展的翻版。"为了继续推进和全面深化改革，避免因对"制度自信"的僵硬理解而放缓甚至停止改革步伐，习近平总书记还指出："我们全面深化改革，不是因为中国特色社会主义制度不

---

① 习近平:《在省部级主要领导干部学习贯彻十八届四中全会精神全面深化改革专题研讨班上的讲话》(2015年2月2日)。

好，而是要使它更好；我们说坚定制度自信，不是要固步自封，而是要不断革除体制机制弊端，让我们的制度成熟而持久。"①

第四，改革与开放是不可分割的一个整体，正如车之两轮、鸟之两翼，缺一不可。40年来，以开放促改革，以改革推进开放，相互作用，共同发展，才有了今天中国特色社会主义的辉煌成就和新时代。早在改革开放之初，邓小平就指出："三十几年的经验教训告诉我们，关起门来搞建设是不行的，发展不起来。"②"经验证明，关起门来搞建设是不能成功的，中国的发展离不开世界。"③正如习近平在2018年博鳌亚洲论坛讲话中说的那样：40年来，中国人民始终敞开胸襟、拥抱世界，坚持对外开放基本国策，打开国门搞建设，成功实现从封闭半封闭到全方位开放的伟大转折。

第五，对外开放的目的、开放程度和得失的检验标准依然是三个"有利于"标准，是是否有利于充分利用国际市场和国际资源来加快中国的发展和实现"两个一百年"目标。2008年世界金融危机以后，随着经济全球化、政治多极化、文化多样化格局的形成，以及世界经济进入深度调整期，贸易保护主义抬头，旧的规则不能适应的形势，中国作为一个快速成长的世界第二大经济体和对世界经济增长贡献最大的国家，中国的对外开放还开始承担起推动世界经济发展、实现公平和合作共赢、构筑"人类命

---

① 2014年2月17日，习近平总书记在省部级主要领导干部学习贯彻十八届三中全会精神全面深化改革专题研讨班上的讲话。
② 《邓小平文选》第三卷，人民出版社1993年版，第64页。
③ 《邓小平文选》第三卷，人民出版社1993年版，第78页。

运共同体"的责任。

（二）中国改革开放的成功，提供了丰富的历史经验，概括地说，关键在于领导改革开放的中国共产党审时度势及时处理好了以下重大关系。

第一，解放思想、实事求是，处理好坚持马克思主义基本原理与马克思主义中国化、时代化的关系，形成了符合中国国情和发展规律的中国特色社会主义理论。

第二，坚持以经济建设为中心，处理好坚持改革开放与坚持四项基本原则的关系，使得中国的改革开放，既不走封闭僵化的老路，也不走改旗易帜的邪路。

第三，坚定不移地贯彻"以经济建设为中心"，以经济发展为第一要务，处理好政府与市场的关系，处理好国内、国际两个大局，通过处理好发展与改革、稳定的关系，实现国民经济的持续高速和可持续发展。

第四，加强党的全面领导，处理好加强党的建设、完善社会主义基本制度、依法治国与经济社会发展相适应的关系，不断提高国家治理能力和治理体系现代化。

第五，实现全面发展，处理好社会主义物质文明建设与精神文明建设的关系。改革开放以经济建设为中心，但是绝不忽视社会主义精神文明建设，特别是要化解消除市场经济逐利性的负面作用，更需要提倡社会主义价值观和繁荣社会主义文化。

第六，中国的改革开放和发展，是前无古人的创新型伟大事业，从强调"摸着石头过河"到强调"顶层设计"，都反映出中国共产党鼓励大胆探索创新、反对满足现状和停滞不前，上下齐心协力，共同探索、及时总结经验，这是改革开放成功的又一条基本经验。

第七，统筹全局、审时度势、稳步前进，处理好改革、发展与稳定的关系。中国40年的改革开放，是一场深刻急剧的社会变革，工业化、市场化、城市化、民主化、信息化的快速推进，加上发展的不平衡，使得改革开放与发展、稳定三者的关系错综复杂，处理方法和步骤也必须因时、因地、因事、因人制宜，不可能以"不变应万变"、胶柱鼓瑟。

第八，中国是一个地域辽阔、人口众多、区域发展不平衡的大国，政府层级多，注意处理好中央与地方关系，充分调动了各级政府的"积极性"，实现了"统而不死、放而不乱"，全国一盘棋的生动局面。

第九，在实行与多种经济成分和市场经济相适应的按要素分配条件下，注意处理好"先富"与"共同富裕"的关系，分阶段、有步骤地缩小收入差距，实现发展成果"共享"。

第十，注意处理好国内、国际两个大局的关系，充分利用国际资源和市场，实现和平发展、互利共赢。

### 三、"两个一百年"目标与改革开放

经过40年的改革开放，中国的面貌发生了翻天覆地的变化，年均接近9%的经济增长，使中国告别了贫困，人均收入从改革开放之初的不到200美元，提高到2017年的8800多美元，进入世界中等收入偏上的国家行列；中国的城市化率已经由改革开放之初的17.8%提高到2017年的58.5%，已经由一个传统乡村居民为主的国家转变为城市居民为主的国家；中国目前已经成为世界第二大经济体，第一制造业大国，第一货物贸易大国，第一外

汇储备大国，中国的对外投资已经超过了吸引外资的数量；1978年中国经济总量仅位居世界第十位，2010年以来持续稳居世界第二，最近10年来，中国每年对世界经济增长贡献率接近1/3，中国综合国力和国际影响力实现了由小到大的历史性巨变，中国首倡和积极推进的"一带一路"建设正在改变着世界经济格局。在如此短的时间内，在人均资源匮乏的条件下依靠和平发展取得如此大的成就，是史无前例的，也因此受到世界的瞩目和赞叹。毫无疑问，上述成就的取得应归功于改革开放。

但是，中国人民并不满足于上述发展成就，中国还是一个发展中国家，还处于社会主义初级阶段。中国距离建成社会主义现代化强国、实现中华民族伟大复兴的第二个"百年目标"还有一段艰苦的路要走。

就经济发展来看，中国目前经济总量虽然很大，但是产业结构总体上还处于中低端，人均收入仍然低于世界平均水平，依靠投入拉动增长的发展方式尚未彻底转变，环境治理问题依然严重，整体脱贫任务尚未完成，总之，中国还是一个城乡之间、区域之间、产业之间发展很不平衡的发展中国家，现代化经济体系还没有完全建立起来。

就生态文明建设来看，中国由于人均不可移动资源匮乏，改革开放40年快速发展的劳动和资源密集型的低端产业，使得生态环境恶化，土地、水、空气污染严重，而要从根本上改变这种状况，就必须淘汰"三高一低"（高投入、高能耗、高污染、低效益）产业和企业，但是这必然带来资本沉没、职工转业、经济增长速度降低、财政收入减少等短期阵痛，这也是供给侧改革推进的阻力。

就实现"共同富裕"的目标来看，由于市场经济下的资本主导分配和"马泰效应"，改革开放以来收入分配和财富占有在阶层之间的差距扩大，基尼系数虽然最近几年有所缩小，但是仍然维持在0.4左右的高位，并由此引发人民群众的不满、内需不足和社会创新活力的不足，特别是人力资本的提高。这是一个世界性难题，也是中国特色社会主义无法回避的挑战。

就国际环境来看，随着中国经济发展水平的不断提升，中国经济结构在世界产业链的地位，正在从中低端向中高端迈进，中国的供给侧改革和2025年工业发展规划以及2035年目标即反映了这个趋势：中国正从过去的跟跑者向并跑者、领跑者转变，因此中国出口产品的竞争对手也开始从过去的发展中国家转向发达国家，加上中国经济规模庞大、具有产业门类齐全、人力资本雄厚和政府市场"双轮驱动"的优势，以及人民币"国际化"和"一带一路"的顺利推进，从而在客观上引起了发达国家的不安，加上新一轮工业革命的来临和世界经济进入深度调整期，不确定增加，从而使得中国的对外开放所面临的形势更加复杂多变。

此外，中国的国家完全统一还没有实现。

正如习近平总书记在2018年5月4日纪念马克思诞辰200周年大会上的讲话所指出的那样，"当前，改革发展稳定任务之重、矛盾风险挑战之多、治国理政考验之大都是前所未有的"。因此，为了实现"两个一百年"目标，就必须继续实行改革开放。如中共十九大指出的："只有改革开放才能发展中国、发展社会主义、发展马克思主义。"[①]十九大还提

---

① 习近平：《决胜全面建成小康社会夺取新时代中国特色社会主义伟大胜利》，人民出版社2017年版，第21页。

出："实现'两个一百年'奋斗目标、实现中华民族伟大复兴的中国梦，不断提高人民生活水平，必须坚定不移把发展作为党执政兴国的第一要务，坚持解放和发展社会生产力，坚持社会主义市场经济改革方向，推动经济持续健康发展。""开放带来进步，封闭必然落后。中国开放的大门不会关闭，只会越开越大。要以'一带一路'建设为重点，坚持引进来和走出去并重，遵循共商共建共享原则，加强创新能力开放合作，形成陆海内外联动、东西双向互济的开放格局。"上述论述，明确了今后改革开放的意义、任务和前景。

今天，中国特色社会主义进入新时代，掀开了实现中华民族伟大复兴的新篇章，开启了加强中国同世界交融发展的新画卷。在新时代，中国人民将继续自强不息、自我革新，坚定不移全面深化改革；将继续大胆创新、推动发展，坚定不移贯彻以人民为中心的发展思想，不断增强人民获得感、幸福感、安全感；将继续扩大开放、加强合作，坚定不移奉行互利共赢的开放战略；将继续与世界同行、为人类作出更大贡献。

# 第一章
## 伟大的历史转折和改革开放的启幕
## （1978—1982）

    1976 年 10 月，持续十年之久的"文化大革命"结束了。经过十年灾难，百废待举，人心思变，中国应向何处去？应该如何总结教训，寻找到正确的发展道路？这成为摆在中国共产党面前的重大问题。1978 年 12 月 18 日，中共十一届三中全会在北京召开，从此改革开放开始，中国的命运发生了又一次伟大转折。中国社会主义建设进入了一个新的时期。经过几年全面的拨乱反正，中国抓住时代契机，根本改观了"文化大革命"和长期"左"倾错误造成的严重混乱局面，国家面貌开未有之变局，呈现出勃勃生机。

# 一、历史转折的准备工作与基础

## （一）真理标准的大讨论

1977年7月，中共十届三中全会恢复了邓小平在党内、政府和军队中的全部领导职务。针对当时盛行的"凡是毛主席作出的决策，我们都坚决维护；凡是毛主席的指示，我们都始终不渝地遵循"的论调，邓小平多次旗帜鲜明地提出，"两个凡是"不符合马克思主义，我们要完整准确地理解毛泽东思想。1978年5月10日，中央党校内部刊物《理论动态》发表了《实践是检验真理的唯一标准》一文。5月11日，《光明日报》以特约评论员名义发表此文，成为一场全国范围的大讨论发端。5月12日，《人民日报》和《解放军报》同时转载。不久，全国绝大多数省、自治区、直辖市的报纸纷纷转载，对中国社会发展产生了深远影响。

《实践是检验真理的唯一标准》一文阐明了检验真理的标准只能是社会实践，理论与实践的统一是马克思主义的一个最基本的原则，任何理论都要不断接受实践的检验等基本道理。这就从根本理论上否定了"两个

1978年5月，南京大学哲学系和经济系联合举办关于检验真理标准问题的座谈会。

凡是"。文章引发了强烈的社会反响，但也遭到一部分人的非议和指责。1978年6月2日，邓小平在全军政治工作会议上发表讲话，结合当时的形势再次精辟阐述了毛泽东的实事求是、一切从实际出发、理论与实践相结合的马克思主义根本观点、根本方法。这个讲话有力支持了真理标准问题大讨论。

真理标准问题大讨论在全国范围内继续轰轰烈烈地深入展开，人们冲破了"两个凡是"的严重束缚，深入思考，思想得到了解放，其实质是一场全国性的马克思主义思想解放运动。6月24日，《解放军报》发表特约评论员文章《马克思主义的一个最基本的原则》，深入阐发实践是检验真理的唯一标准，并从理论上系统地回答了当时党内外的一些疑虑和责难。

大讨论是历史发展的产物，为中共十一届三中全会的召开准备了极为重要的思想条件。由真理标准问题大讨论的历史过程可见，这场大讨论为中国共产党重新确立马克思主义的思想路线、政治路线和组织路线奠定了思想基础。1978年11月10日至12月5日，中共中央在北京召开中央工作会议。会议对真理标准问题上出现的意见分歧进行讨论，经过思想交锋，批判了"两个凡是"，真理标准问题大讨论得到肯定。在闭幕式上，邓小平发表了《解放思想、实事求是、团结一致向前看》的重要讲话。讲话中作出关于"一个党，一个国家，一个民族，如果一切从本本出发，思想僵化，迷信盛行，那它就不能前进，它的生机就停止了，就要亡党亡国"的重要论断。他还提出改革经济体制的任务："再不实行改革，我们的现代化事业和社会主义事业就会被葬送。"讲话代表了中国共产党人在新的时代条件下的理论觉醒，得到与会者的赞同。

改革开放的历史，正是中国共产党人解放思想与理论创新的历史。中共十一届三中全会坚决批判了"两个凡是"的错误方针，高度评价了关于真理标准问题的讨论，重新确定了马克思主义的思想路线、政治路线和组织路线，为真理标准大讨论作了总结。

### （二）改革开放的社会历史条件

第二次世界大战后，世界经济向着体系化、制度化的方向发展。国际货币基金组织、世界银行和关贸总协定等国际经济组织和一系列多边条约重构了国际经济体系，顺应了经济全球化趋势，对世界经济的发展影响巨大。1949年中华人民共和国成立，中国作为三大国际经济组织的创始国获得的席位为台湾当局所占据。为巩固新生政权，1950年《中苏友好同盟互助条约》签订，标志着中国采取"一边倒"的外交政策，新中国对外经济关系也在此框架内。首先是废除帝国主义在华的各种特权，没收国民党政府和官僚资本的进出口企业，实行对外贸易统制。在建立国营对外贸易企业和改造民族资本主义外贸企业的基础上，中国建立了国家统一管理、以国营外贸企业为主体的对外贸易体制，由中央人民政府贸易部统一领导。改革开放之前，中国外贸体制的理论主要沿袭苏联计划经济理论的基本思想，在实践上强调自力更生。由于经济总量较小，对外经济交流活动有限，出口商品以初级产品为主，进出口贸易结构极不合理。1978年，中国货物进出口总额仅排在世界第29位，经济总量占世界的份额只有1.8%，基本处于封闭半封闭的对外经济格局。对外经济体系相对稳定，保持着低对外经济依存度，1978年这一数值为9.74%。

　　改革开放后，中国共产党开始注重借鉴学习外国经济建设和经济管理的先进经验。国际环境方面，美、苏两个超级大国经过越南、阿富汗战争，无力再进行大规模的争夺霸权较量，欧洲则刚刚遭受一轮新的经济衰退。1979年1月1日中美正式建交，这是中国与西方大国关系突破的标志性事件。随后几年间资本主义发达国家纷纷与中国建交，共同改善国际关系，寻求经济共同利益成为共识。同时，高科技迅猛发展，新技术革命的浪潮席卷全球。实行对外经济开放，符合当时的时代特征和世界经济的发展趋势，是加快中国现代化建设的必然选择。1978年和1979年，邓小平先后访问了日本和美国。面对西方经济的高速发展，他深感中国亟须通过对外开放为改变落后状况：环顾全球，今天世界上经济发展较快的国家，没有一个是闭关自守的。对外开放的政策是中国的希望。关起门来搞建设是不行的，中国的发展离不开世界。应该指出，经过新中国近30年的经济建设，1979年，中国宣布初步建成了独立的比较完整的工业体系和国民经济体系，这为对外经济开放准备了物质基础和经济安全保障能力。

1977年到1978年，一批政府代表团先后考察了日本和欧洲一些主要西方国家及港澳地区。1978年5月，由谷牧带领的包括六位省部级干部组成的代表团出访法国、联邦德国、瑞士、丹麦、比利时欧洲五国，这是中华人民共和国成立后首次向西方国家派出的国家级经济代表团。代表团出访前，邓小平专门在北京饭店听取代表团的出访汇报，指示要"广泛接触，详细调查，深入研究些问题"，"资本主义的先进的经验、好的经验我们应当把它学回来"。代表团访问了五国的15个城市，会见了有关政界人士和企业家，参观了许多工厂、农场、城市设施、港口码头、市场、学校、科研单位和居民区，收集了大量的资料信息。

1978年6月，谷牧在向中共中央政治局汇报中着重讲了三点：（1）二战后西欧发达国家的经济确有很大发展，尤其是科技日新月异，我们已经落后很多，它们在社会化大生产的组织管理方面也有许多值得借鉴的经验。（2）它们的资金、商品、技术要找市场，都看好与中国发展关系。（3）国际经济运作中有许多通行的办法，包括补偿贸易、生产合作、吸收国外投资等，我们可以研究采用。①谷牧建议：西欧资本主义国家经济萧条，资本过剩，急于找出路，应该立即与西欧几个国家进行正式谈判，争取签订长期贸易协定，把口头协定的东西尽快落实下来。1978年6月，邓小平在听取赴日经济考察团的汇报后说：不要老是议论，看准了就干，

---

① 谷牧：《小平同志领导我们抓对外开放》，中共中央文献研究室编：《回忆邓小平》（上），中央文献出版社1998年版，第156页。

明天就开始，搞几百个项目，从煤矿、有色、石油、电站、电子、军工、交通运输一直到饲料加工厂，明年就开工。分期付款不干了，搞补偿贸易、银行贷款。

因此，中国改革开放是在和平与发展是时代主题，相互联系、相互开放、相互依存是时代潮流的大背景下展开的，这就要求改革开放必须把国内国际两个大局统筹起来，自觉把外部环境变化当作谋划国内发展不可忽视的重要变量，不断丰富和深化对外开放的内涵，使国内经济社会发展顺应并影响世界发展大势，才能在浩浩荡荡的时代潮流中把握主动，顺利实现中华民族伟大复兴的奋斗目标。

# 二、中共十一届三中全会与拨乱反正

## （一）中共十一届三中全会及其伟大意义

1978年12月18日至22日，中共十一届三中全会在北京召开。在中国面临向何处去的重大历史关头，全会彻底否定"两个凡是"的方针，重新确立了解放思想、实事求是的马克思主义思想路线，实现了指导路线的拨乱反正；停止使用"以阶级斗争为纲"这个不适用于社会主义社会的口号，作出了把党和国家工作重点转移到社会主义现代化建设上来和实行改革开放的战略决策，实现了政治路线的拨乱反正；全会明确指出党在新时期的历史任务是把中国建设成为社会主义现代化强国，决定调整国民经济，加快发展农业，发展科技、教育。全会还审查和解决了历史上遗留的一批重大问题和 些重要领导人的功过是非问题；决定加强党的领导机构，强调党中央和各级党委的集体领导，健全党的民主集中制和党规党法，成立中央纪律检查委员会。中国共产党的民主集中制的优良传统得以恢复，民主制度化、法律化的进程开始。

中共十一届三中全会开启了改革开放历史新时期，是新中国成立以来党的历史上具有深远意义的伟大转折，也是共和国历史上的一个伟大转折。中共十一届三中全会是一次开创未来的会议，从此，中国共产党逐步形成以邓小平为核心的第二代领导集体，有步骤地开辟了一条中国特色社会主义道路。40年来，中国从僵化半僵化到全面改革、从封闭半封闭到对外开放。十一届三中全会的伟大意义和深远影响，已经和正在随着改革开放伟大实践的发展越来越充分地显示出来，并将贯穿建设中国特色社会主义事业的全部进程。

### （二）《决议》的通过与拨乱反正

1.指导思想的拨乱反正

中共十一届三中全会后，拨乱反正全面展开。"文化大革命"留下的后果十分严重，要在短期内消除思想上的混乱，进一步推动解放思想，保证中共十一届三中全会路线的正确贯彻并非易事。一方面，"左"倾思想的束缚仍然存在，一些同志对中共十一届三中全会以来党的路线、方针、政策辨识不清，有某些不理解甚至抵触情绪。另一方面，社会上极少数人利用党纠正"左"倾错误的机会，打着"民主自由""解放思想"的旗号，散布怀疑和否定共产党的领导、反对社会主义制度和毛泽东思想的言论。如果听任这些错误思想倾向发展下去，必将造成思想混乱，继而影响刚刚形成的安定团结的局面。

为了从根本上纠正"左"的和右的错误倾向，中共中央认为，必须正确地认识新中国成立以来党走过的历史道路，科学地总结历史的经验教训。1979年11月，中共中央开始起草《关于建国以来党的若干历史问题的决议》。邓小平亲自指导了《决议》的起草，1980年3月，他提出三条指导原则：第一，确立毛泽东的历史地位，坚持和发展毛泽东思想，是最核心的一条；第二，对建国三十年来历史上的大事，要进行实事求是的分析，包括一些负责同志的功过是非，要作出公正的评价；第三，这个总结宜粗不宜细，总结过去是为了引导大家团结一致向前看。

1981年6月，中共十一届六中全会通过《关于建国以来党的若干历史问题的决议》。《决议》对新中国成立以来党的重大历史事件特别是对"文化大革命"，对毛泽东的功过是非和毛泽东思想的基本内容与指导意义作出了总结和评价。《决议》充分论述毛泽东思想作为党的指导思想的伟大意义，指出毛泽东是伟大的马克思主义者，是伟大的无产阶级革命家、战略家和理论家；毛泽东思想是马克思列宁主义在中国的运用和发展，是被实践证明了的关于中国革命的正确的理论原则和经验总结，是中国共产党集体智慧的结晶。《决议》宣告：毛泽东思想是我们党的宝贵的精神财富，将长期指导我们的行动。《决议》对新中国成立以来的一系列重大历史问题作出正确的结论，并彻底否定了"文化大革命"。《决议》总结新中国成立以来的历史经验和教训，初步概括三中全会以来的路线、方针、政策，明确党已经逐步确立了一条适合中国情况的社会主义现代化建设的道路。

《决议》的通过对于改革开放和社会主义现代化建设事业的发展具有重要的指导意义，完成了党在指导思想上拨乱反正的任务，把全党全国的精力集中到社会主义现代化建设上来。

2.平反冤假错案

"文化大革命"造成的冤假错案和新中国成立以来的历史遗留问题

数量多，所涉及的范围广、难度大。要保证改革开放的顺利进行和现代化建设的健康发展，必须回应广大干部群众的强烈要求，对受迫害的干部、群众进行平反，调整受到严重扰乱的社会关系。中共十一届三中全会解决了历史上遗留的一批重大问题和一些领导人的功过是非。全会后，加快全面平反冤假错案，解决历史遗留问题的步伐，成为拨乱反正的重要内容。1978年12月24日，中共中央为彭德怀、陶铸举行了追悼会，邓小平为彭德怀致悼词。这是为党和国家领导人平反昭雪开的第一个追悼会。随后，贺龙、彭真、谭震林、罗瑞卿、陆定一等受迫害的党、政、军领导干部也得到平反昭雪。1980年2月，中共十一届五中全会通过了《关于为刘少奇同志平反的决议》，恢复刘少奇作为伟大的马克思主义者、无产阶级革命家、党和国家主要领导人之一的名誉。1980年5月17日，中共中央在北京为刘少奇举行平反昭雪追悼大会。

一批在"文化大革命"中遭到诬陷的党的早期领导人，如瞿秋白、李立三、张闻天等陆续得到平反昭雪。一批受迫害的民主人士、一大批长期受打击的知识分子也恢复了名誉。一些在"文化大革命"中因同林彪、"四人帮"进行斗争而惨遭杀害的共产党员和群众得到平反昭雪。在基本解决了新中国成立以来的冤假错案的平反工作后，中共中央还实事求是地复查和纠正了一些历史遗留问题。

1979年1月，中共中央宣布对多年来守法的地主、富农分子以及原定的反革命分子、坏分子一律摘掉帽子，地主、富农家庭出身的子女，其本人的成分和家庭出身一律定为公社社员，不应再作为地主、富农家庭出身。这一决定意味着全国至少2000万人享受到应有的公民权利。

1979年11月至1981年11月，全国有70多万名小商、小贩、小手工业者及其他劳动者被从原工商业者中区别出来，恢复了劳动者成分。到1980年6月，全国共有54万多名错划右派得到改正。中共中央还纠正了民族、宗教等工作执行中的一些"左"的错误，落实了党的政策。

据不完全统计，从1978年至1982年底，在全国大规模的平反冤假错案工作中，经中共中央批准平反的影响较大的冤假错案有30多件，全国共平反纠正了300多万名干部的冤假错案，47万多名党员恢复了党籍，数以千万计的无辜受株连的干部和群众得到了解脱。平反冤假错案的拨乱反正卸下了沉重的政治包袱，为改革开放后开展大规模的经济建设准备了骨干力量，一个全面开创社会主义现代化建设的新局面来到。

3.经济领域的调整

在经济领域，主要是通过解决比例失调问题，端正经济工作的指导思想，达到拨乱反正的效果。十年动乱对经济的破坏极为严重。中共十一届三中全会后，国务院对1979年和1980年的国民经济计划安排做了调整和修改。中共中央意识到，国民经济中一些重大比例关系严重失调，在经济工作指导思想上"左"的错误还没有得到全面清理。同时，经济工作中存在急于求成的现象，对不切实际的高指标和盲目扩大建设规模的追求，使长期造成的经济比例失调的状况更为严重。1979年4月，中共中央召开工作会议，着重讨论经济调整问题，正式确定"调整、改革、整顿、提高"的新八字方针，开始对国民经济进行调整，以期提高经济效益，推动改革开放的进程。新八字方针体现了经济建设指导思想的重要转变，会后，经济调整工作全面展开。

经济调整始终围绕着改革与发展进行，首先是加强农业，理顺农业与工业的关系。国务院颁布了提高农产品收购价格的规定，不许征购过头粮、缩小工农业产品差价，强调对农业的领导一定要从实际出发，一定要按照群众利益办事，尊重和保护社员群众的民主权利，并允许社员保留自留地，发展家庭副业和农村集市贸易，这一系列恢复和发展农业的政策措施调动了农民的积极性，促进了农业的恢复和发展，为农村体制改革准备了必要条件。中央工作会议后，为了切实贯彻执行国民经济新八字方针，中共中央和国务院反复强调经济调整的必要性，做了大量工作。1979年6月，五届人大二次会议正式通过八字方针，提出将落实这一方针作为打好四个现代化建设的第一战役来对待。

　　由于"左"的思想仍然存在和急于求成的心理，经济调整未能达到预期的效果，基本建设的总规模增大，行政管理和各项事业费增加。国民收入的分配也不合理，积累和消费的总需求超过了总供给，货币量发行过大，物价上涨。1979年和1980年财政赤字向高，分别达到170亿、127亿元，宏观经济中的潜在风险加大，进而可能影响粉碎"四人帮"后的稳定政治局势。1980年12月16日至25日，中共中央在北京召开经济主题会议，重点讨论经济形势和调整问题。会议期间，邓小平、李先念、陈云等对调整国民经济作了重要指示，总结了此前30多年经济建设的经验教训，指出这次调整是中共十一届三中全会以来各项方针、政策的继续和发展，是三中全会实事求是、纠正"左"倾错误的指导思想的进一步贯彻，以期统一对经济调整重要性的认识。会议决定，采取果断措施，经济上实行进一步调整，政治上实现进一步安定的方针，并批准了《关于1981年计划的安排》。

通过经济调整，经济工作走上健康发展的轨道。从1981年起，严重失调的主要经济比例关系逐渐趋于合理，长期存在的积累率过高和农业、轻工业严重滞后的情况有了根本改变。到1982年底，经济调整的任务基本完成，更重要的是经济建设指导思想上"左"的错误得到比较彻底的清理纠正。经济领域拨乱反正取得的成果，为下一步的经济体制改革从实际出发，走出新路子奠定了基础。

# 三、经济体制改革

中共十一届三中全会作出了改革开放的伟大历史抉择,开启了中国经济社会发展的历史新时期。以邓小平为核心的第二代中央领导集体启动了中国改革开放的巨轮,改革开放,成为新时期最鲜明的特点。40年来,中国开创了一条改革开放的强国之路。

## (一)改革从农村率先突破

中国经济体制改革的探索首先从农村开始起步并取得成功,其原因并非偶然。在计划经济体制和传统工业化发展战略下,农业、农村成为最薄弱的环节。作为一个农民占全国人口80%的国家,中国农村的落后面貌长期没有大的改变。农业是国民经济的基础,农村生产力对突破"左"的农村政策束缚的要求高涨,问题突出,已经到了非改革不能稳定的地步。

1978年2月,《人民日报》发表署名报道介绍安徽省委的规定,即允许生产队根据不同农活建立不同的生产责任制,可以组织作业组,只需个别人完成的农活,也可以责任到人等。报道引发了人们对农村问题,特别是农民与土地的关系问题的关注。这一年的夏秋,安徽遭受百年不遇的特大旱灾，粮食大减产，农民生活十分困难。时任中共安徽省委第一书记万里支持一些干部和群众提出的"借地度荒"和"包产到组"，把土地借给农民耕种，不向农民征统购粮。1978年9月，在安徽省委紧急会议上允许每个农民种半亩"保命麦"，激发了农民的生产积极性，全省增加秋种面积1000多万亩，战胜了特大旱灾。中共十一届三中全会以后，《人民日报》公开进行了刊载。

1978年冬天，安徽凤阳县梨园公社小岗生产队18户农民开会，在保证书按下了18个鲜红的血手印，分田到户，率先搞起了包干到户，中国农村改革的鼓点敲响。头一年，生产粮食132370斤，相当于1966年至1970年五年粮食产量的总和；油料产量超过此前20年的总产。农村的改革势头越来

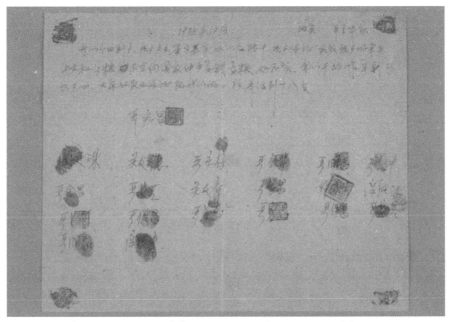

图为小岗村生产队18位社员在一份包干协议书上按下的红手印。

越猛，"交够国家的、留足集体的、剩下全是自己的"，人们期待着迅速摆脱困境，迈开大步前进。1978年下半年，安徽、四川少数农村也开始尝试包干到户、到组的生产方式，在实践中取得了显著成效。1980年，四川省广汉县的一个公社挂出乡人民政府的牌子，成为全国第一个取消人民公社的地方。

1979年6月，安徽省委第一书记万里到凤阳听了有关大包干的汇报后，当即表示支持。对于农村新出现的这些做法，邓小平也表示支持，肯定其合法性。1980年5月31日，邓小平就农村政策问题发表谈话，肯定和支持安徽农村改革经验，明确指出农村政策放宽以后，一些适宜搞包产到户的地方搞了包产到户，效果很好，变化很快。邓小平认为，不必要担忧影响集体经济的议论，我们的总方向是发展集体经济。实行包产到户的地方，经济的主体现在也还是生产队。[①]邓小平对安徽农村包产到户的肯定和支持明确了农村改革的方向，对打破一些人的思想僵化，推动农村改革起了重要的推动作用。

1980年9月，中共中央召开会议通过了《关于进一步加强和完善农业生产责任制几个问题》的会议纪要，首次摆脱多年来把包产到户等同于分田单干和资本主义的观念，肯定了在生产队领导下实行的包产到户，不会脱离社会主义轨道，没有复辟资本主义的危险。人心所向，大势所趋，包产到户、包干到户的"双包"责任制成为不可阻挡的主流，得以迅速推广。到1981年底，实行"双包"到户的生产队已占总数的50%。

---

① 《邓小平文选》第二卷，人民出版社1994年版，第315—316页。

1982年1月1日，中共中央以当年文件编号为一号的方式批转《全国农村工作会议纪要》，这是中国共产党执政以来第一次将农业、农村和农民为主题的工作文件作为"一号文件"下发。《会议纪要》指出目前农村实行的各种责任制，都是社会主义集体经济的生产责任制，高度评价农村出现的"双包"改革"反映了亿万农民要求按照中国农村的实际状况来发展社会主义农业的强烈愿望"，"是一场牵动亿万群众的深刻而复杂的变革"。[①]这说明党内在包产到户问题上的认识基本达到了统一。1982年，在连续三年丰收之后，中国农业又一次获得大丰收，农村面貌出现了可喜变化。从1982年起，中共中央连续五年发出五个一号文件，农村改革走向深入。

1982年一号文件下发后，包产到户、包干到户的范围扩大到全国，促进了农业生产较快的发展。包干到户由于简便易行，更被广泛接受。生产成果与劳动者的利益获得了更为广泛的联结，克服了以往分配中"大锅饭""平均主义"的弊病，充分调动起广大农民的积极性，成为农民普遍采取的基本经营方式。

### （二）城市"扩权"改革试点

中国改革开放的每一次重大制度变革，都不同程度地来源于先试点。城市经济体制改革在十一届三中全会前已经开始局部试点。城市的情况较农村复杂，最初主要在扩大企业自主权方面作了一些尝试。中共十一届

---

① 《全国农村工作会议纪要》，《人民日报》1982 年 4 月 6 日。

三中全会以后，国有企业开始了以"扩权让利""两权分离"为重点的改革。1978年10月，四川省率先对省内部分企业进行扩大自主权试点。国务院批准四川省重庆钢铁公司、成都无缝钢管厂、宁江机床厂等六家不同行业有代表性的地方国营工业企业进行试点，扩大企业自主权改革开始。改革的主要内容是逐户核定企业的利润指标，规定当年增产增收目标，允许完成计划后提留少量利润，作为企业的基金，给职工发放少量奖金。1979年2月12日，中共四川省委在试点基础上，制定《关于扩大企业权利，加快生产建设步伐的试点意见》，要求把企业的责权利结合起来，把国家、集体、个人三者利益结合起来，并且决定扩大范围，在100家企业中进行扩权试点。此后，云南省、广西柳州等地也效仿四川开始扩权试点。

1979年5月，中国开始国企改革的第一次重大试点。国家经济委员会、财政部等在北京、天津、上海选择首都钢铁公司、天津自行车厂、上海柴油机厂等八家大型国企，率先进行扩大自主权的试点。改企业基金制为利润留成制；企业在产品生产、销售、试制和资金使用、人事安排、职工奖惩等方面，拥有部分权力；企业实行党委领导下的厂长负责制，建立职工代表大会制度。此后，许多地方政府开始自定试点内容。

1979年7月，国务院发布文件扩大国营工业企业经营管理自主权。实行利润留成、开征固定资产税、提高折旧率和改进折旧费使用办法、实行流动资金全额信贷等。《人民日报》对四川、云南等地扩大企业自主权试点的成效作了集中报道和宣传。各省、市、自治区和国务院有关部委根据国务院的要求，选择各自所属国营工工业交企业组织试点。试点范围进一步扩大，扩权改革的企业迅速增加。1980年试点企业扩展到6600个，约占全国预算内工业企业数的16%，产值的60%，利润的70%。通过扩权，试点企业拥有了部分计划权，在完成国家计划的前提下，多余的生产能力可根据市场需要自行安排生产；企业拥有部分销售权，完成国家计划收购任务后，多余产品可自行销售；企业拥有部分资金使用权，可按一定的比例实行利润留成，用于发展生产、改善集体福利、奖励职工；企业拥有部分干部任免权；等等。这初步改变了企业只按国家计划生产，不了解市场需要、不关心产品销路、不关心盈利亏损的状况，开始增强了经营观念、市场观念、服务观念，企业之间开展了竞争。商业、物资、交通、建筑、邮电、军工及农垦等部门，也实行利润留成或亏损包干，取得了一定成效。

1980年9月，国务院批转国家经济委员会《关于扩大企业自主权试点工作情况和今后意见的报告》，从1981年起扩大企业自主权的工作在国营工业企业中全面推开，使企业在人、财、物、产、供、销等方面，拥有更大的自主权。企业放权改革使企业管理发生了新的变化，统得过多、管得过死的状况开始改变。地方有了较大的自主安排的权力，归地方支配的大约有50%的财政收入。流通渠道增加，购销形式多样，一部分长期短缺的物资、商品开始敞开供应；企业自销有了很大发展，全国开办了600多个生产资料服务公司，实行代购、代销、代加工等业务。在企业扩权试点影响下，不少企业开始实行经济责任制。山东铝厂矿山公司自1978年坚持各矿山、车间、班组的经济活动分析；1982年，对全公司134个工种制定了岗位责任制；1983年初，又制定了《经济责任制具体实施办法》。为克服企业吃国家"大锅饭"和企业内部吃"大锅饭"，厂长负责制也在试行。

经济责任制很快在工业企业中得到推广。

　　1980年新的财政体制开始实行。15个省实行"划分收支、分级包干"的财政管理体制，即划分中央与地方收入和支出的范围，再按照各省的情况确定地方上交比例或中央定额补助，一定五年不变。这样，地方的收入与支出挂钩，多收多支、少收少支，促使地方增收节支，克服困难，自求收支平衡；同时，财政支出由"条条"下达改为"块块"统筹使用，地方能主动规划和安排地区经济的发展，不必事事报批，调动了地方的积极性。1981年，为了调整和稳定国民经济，适当集中各方面的财力进行社会主义现代化建设，财政部第一次发行中华人民共和国国库券，总金额40亿元。

　　信贷方面进行了"拨改贷"改革，即国家对基本建设投资拨款改为贷款。1979年"拨改贷"首先在北京、上海、广东三个省市及纺织、轻工、旅游等行业试点，取得较好的效果。1980年国家又扩大范围，规定凡是实行独立核算、有还贷能力的基本建设项目，都要改为"拨改贷"。1985年1月起，"拨改贷"在全国各行业全面推行。

　　改革开放的启动，使中国的单一所有制结构开始发生变化。十一届三中全会以后，为了解决新增就业人口和回城知识青年的安置，城市个体经济迅速发展，其后经济特区的设立使一批中外合资、中外合作以及外商投资企业等新的经济形式陆续出现，打破单一的公有制形式，开始形成以国有和集体经济为主导，其他经济形式为补充，共同发展的格局。1978年全国城镇个体劳动者仅有15万人。1979年4月，国家工商行政管理局局长会议提出各地可以批准一些有正式户口的闲散劳动力从事修理、服务和手工业个体劳动，但不准雇工。这是十一届三中全会以后第一次允许个体经济发展。1979年，温州姑娘章华妹申请领个体营业执照，成为"全国第一个个体工商户"。

1980年8月，中共中央召开的全国劳动就业工作会议，提出要大力扶持兴办各种类型的自筹资金、自负盈亏的合作社和合作小组，认为一切守法的个体劳动者应当受到社会的尊重。会后，各地加大了就业制度改革的力度，帮助创办集体经济企业，办劳动服务公司，办生产、服务合作社，办家庭手工业，发展个体经济，办职业学校（训练班）等，效果显著。1980年12月，安徽芜湖个体户年广久注册"傻子瓜子"商标。年广久的生意越做越大，被称为"中国第一商贩"。1981年7月，国务院为搞活经济、繁荣市场、方便群众、安置就业，作出《关于城镇非农业个体经济若干政策性规定》，允许个体经济雇工7人以下，企业主自己也必须参加劳动。各地继续解放思想、放宽政策、积极引导，城乡集体、个体等经济形式由此进入了快速发展时期。所有制结构进一步改善。

（三）经济特区的建立

在十一届三中全会精神的推动下，人们解放思想，勇于尝试，对外经济开放和经济特区的建立为全国经济体制改革探索了道路、提供了经验。

1. 特区建立的过程。1979年初，时任中共广东省委第一书记习仲勋传达十一届三中全会精神。广东省委、省政府经过研究后初步决定，先在深圳、珠海两地试办出口特区。在同年4月召开的中央工作会议上，习仲勋说：广东毗邻港澳，华侨众多，搞外贸和引进，条件比国内哪一个省都好。这次开会，希望中央给点权，让广东能够充分利用自己的有利条件在四个现代化中先走一步。[①]福建省也提出了在厦门建立出口加工区的要求。邓小平对此十分赞同，会议形成的《关于大力发展对外贸易增加外汇收入若干问题的规定》提出试办出口特区[②]，在沿海少数有条件的省市，划出一定的地区，如广东省深圳、珠海、汕头，福建省厦门等单独进行管理，作为华侨和港澳商人的投资场所。深圳、珠海两地可以先办。对广

　　1979年7月，中国大陆第一个出口加工工业区在蛇口破土开建。开工建设的开山第一炮被称为"中国改革开放的第一炮"。

① 《习仲勋文选》，中央文献出版社1995年版，第481页。
② 1980年5月，中共中央和国务院发出文件，正式将"出口特区"改称为"经济特区"。

东、福建两省采取特殊政策和灵活措施。1979年7月，中共中央、国务院同意在广东省的深圳、珠海、汕头三市和福建省的厦门市试办出口特区。1980年8月，第五届全国人民代表大会常务委员会第十五次会议批准《广东省经济特区条例》，经济特区正式设置。经济特区实行特殊经济政策和管理体制，建设资金以引进外资为主，所有制结构为多种形式共存，产业结构以工业为主，产品以出口外销为主。经济特区成为中国改革开放的排头兵，对外经济开放迈开了具有重要历史意义的一步。

1984年2月，邓小平视察广东、福建、上海等地后提出："除现在的特区之外，可以考虑再开放几个港口城市，如大连、青岛。这些地方不叫特区，但可以实行特区的某些政策。"[1]同年3月，中共中央书记处和国务院联合召开座谈会，建议进一步开放大连、秦皇岛、天津、烟台、青岛等14个沿海港口城市，扩大开放城市的权限，如放宽利用外资建设项目的审批权限，增加外汇使用额度和外汇贷款，对"三资"企业在税收、外汇管理上给予优惠待遇，可逐步兴办经济技术开发区等。

经济特区的设置和扩大标志着中国对外经济开放的实质性开展，直接带动了内地经济的发展，取得了显著成果，是中国改革开放在理论和实践上的宝贵财富。特区采取多种形式吸收外资，引进国外先进技术、设备和经营管理方法，在平等互利的原则下，扩大对外贸易，增加了外汇，成为对外经济开放、了解世界经济信息的窗口，也成为开放地区与腹地经济技术交流的媒介。以深圳为例，1979年，当时还是宝安县深圳镇的地区生产

---

① 《邓小平文选》第三卷，人民出版社1993年版，第52页。

总值不到2亿元，工业产值只有6061万元，农业产值只有1.14亿元，农民人均年收入仅150多元。到1984年，经济特区取得了飞速发展，深圳经济特区工业总产值13亿元，与1979年相比增长20倍。2015年，地区生产总值增长到1.75万亿元，创造了世界经济发展史上的奇迹。

2. 突破外商投资禁区，尝试对外直接投资。对外经济的开放使国内外资金开始活跃起来。1978年7月，国务院颁布《开展对外加工装备业务试行办法》，要求大力发展加工装备和补偿贸易的做法。年底，中国共计与外商签订加工装备和补偿贸易的合同698项。这些合同规定订货单、原料和预付资金可以进入，但外资和外企不能进入。12月15日外贸部宣布，取消不许外商在中国投资的禁区。1979年1月，邓小平在宴请工商界人士谈到香港厂商写信，问为什么不可以在广东开厂时说："现在搞建设，门路要多一点，可以利用外国的资金和技术，华侨、华裔也可以回来办工厂。吸收外资可以采取补偿贸易的方法，也可以搞合营，先选择资金周转快的行业做起。"[①]1979年7月，五届全国人大二次会议通过《中华人民共和国中外合资经营企业法》，由此国外投资者可以到中国投资，与中国举办合资企业。1981年，第一批9家外企通过审批成为正式在上海常驻代表机构。1979—1984年5年间实际利用外资的总额181.87亿美元，外资的来源以正处在经济上升期的港澳资本、亚洲四小龙为主，投资规模偏小，劳动密集型加工企业占多数，但增长趋势稳定，呈现出良好前景。外资在当时资本严重短缺的情形下，为中国的经济建设解了燃眉之急。同时，引进了

---

① 《邓小平文选》第二卷，人民出版社1994年版，第156页。

技术，提高了产品质量，增强了对外经济的国际竞争力，也有利于学习现代经营管理经验，培训管理人才。这之后，外资日益成为推动中国对外经济发展和技术进步的重要力量。

在开展对外工程承包和劳务输出的同时，也开始进行对外直接投资，进行企业国际化布局的尝试。1979年8月，国务院明确提出"允许出国办企业"，第一次把发展对外投资作为国家政策。同年11月，北京友谊商业服务公司与日本东京丸商业株式会社合资创办的"京和股份有限公司"在东京开业，这是中国第一家非进出口贸易型海外企业，由此开始尝试性质的对外直接投资。1980年，国际联合船舶投资有限公司成立，初投5000万美元，中方占45%，成为当时中国在外投资额最大的国外合营企业。由于外汇储备极低，对外直接投资资金紧缺，投资规模小，企业数量也少，投资主体是国有外贸公司、金融机构以及工程公司，行业集中度高。

3. 对外贸易体制的改革使得出口扩大，外汇收入增加。改革开放之前，中国的对外贸易由国家计划安排，原对外贸易部所属的专业进出口公司统一经营，再由国家确定的外贸口岸统一成交。当时的外贸进出口公司有轻工、化工、纺织、粮油、五金矿产等，外贸口岸有广州、大连、青岛、天津、上海五大口岸，后来又增加江苏、河北、浙江、广西可以直接对外成交。中共十一届三中全会以后，随着对外经济开放的扩大，这种高度集中的外贸体制显然已经不适应建设开放型经济的需要。为调动各方面的积极性，扩大中国产品走向世界的经济通道，将原对外贸易部集中统一的部分进出口商品经营权，赋予一些地方或分散到各部门。从1979年开始，北京、天津、上海、辽宁、四川、山东等省市成立了进出口贸易公司，直接对外成交。中央各部委和各省、市、自治区先后成立各种类型的外贸公司、工贸公司、农贸公司、技贸公司。冶金、机械、兵器、航空、船舶等部门进行了进出口赋权。广东、福建两省对外经济活动实行特殊政策和灵活措施，除个别商品外，全部由省经营出口。为了鼓励地方、部门、企业扩大出口，实行了出口商品外汇分成，这打破了长期实行的中央统负盈亏的中央财政包干制。对外贸易的分散经营促使出口大量增加，但由于一些政策的不统一也引发了混乱。外汇体制与外贸体制紧密相关，改革之前外贸公司盈利上缴财政，亏损由财政承担。价格实行国内外两个市场，两种价格。这一时期由中央统收统支的外汇体制也进行了相应的逐步改革。从1980年开始，实行地方和企业外汇留成。接着允许留成外汇的单位、企业通过国家开办的外汇调剂市场进行调剂。由于外汇调剂市场的汇率比官方汇率要高，引发了寻租获利等腐败现象。

改革开放是中国历史上一项史无前例的探索，没有现成的经验可以照搬。这一时期，对外经济开放是探索式、创新式的，既是计划经济向社会主义市场经济转变的一部分，反过来也促使转变的深化。对外经济的发展促成技术、资金、人才和管理经验的输出，带动了腹地省份走向国际经济舞台。通过外商渠道的信息桥梁作用，国际资本、技术、信息走向中国，中国开始了解和适应国际市场需求和惯例。更为重要的是，改革开放是一项包括政治、经济、文化等在内的非常复杂而庞大的系统工程，对外经济开放尤其是经济特区的成功范例，激发了人们对改革开放的信心，也给世界了解中国改革开放的决心提供了政策窗口，对推动改革开放的整体发展意义深远。

# 四、政治体制改革

在改革开放和社会主义建设中，改革并不只限于经济，政治体制改革与经济体制改革并行互促。从中共十一届三中全会到中共十三大是改革开放后政治体制改革的起步阶段。

## （一）加强中国共产党的自身建设

中共十一届三中全会已经包含了政治体制改革的内容，决定设立中央纪律检查委员会。会议认为，国要有国法，党要有党规党法。全体党员和党的干部，人人遵守党的纪律，是恢复党和国家正常政治生活的起码要求。党的各级领导干部必须带头严守党纪。全会选举产生了以陈云为第一书记的由100人组成的中央纪律检查委员会。三中全会后不久，全国各省、市、自治区和各部门的党委成立了纪律检查委员会。根据中央纪律检查委员会的要求，各级纪委把维护党规党法，切实搞好党风作为根本任务。1980年2月29日，党的十一届五中全会通过《关于党内政治生活的若干准则》，这是一部比较全面系统的党规党法。《准则》概括了历史上处理党内关系和整顿党风的经验，提出了体现改革开放的时代特征的管党治党准则，对于解决党的建设中各项重要问题，对在新时期加强党的建设具有重要理论意义和实践意义。全会还决定重新设立中央书记处，选举胡耀邦为中央书记处总书记，加强了中国共产党的集体领导。

中共十一届三中全会后，不正之风不断蔓延、腐败案件不断增多。实现党风的根本好转，任重道远。1980年11月，陈云作出重要论断，"执政党的党风问题是有关党的生死存亡的问题。因此，党风问题必须抓紧搞，永远搞"，指明了执政党党风问题的极端重要性和紧迫性、长期性。1982年1月5日，陈云将中央纪委报送的题为《广东一些地区走私活动猖獗》的简报批给胡耀邦、邓小平、赵紫阳、李先念，并指出："我主张要严办几个，杀几个，判刑几个，并且登报，否则党风无法整顿。"陈云的批示引起了几位中央政治局常委的高度重视，都表示同意批示上的意见。邓小平还在陈云批语"并且登报"前面加了"雷厉风行，抓住不放"八个字。[1]此后，党和国家作出了严厉打击经济领域犯罪活动的决定和部署。对于案件涉及的有关人员，根据情节给予必要的纪律处分，触犯刑律的依法制裁，决不纵容姑息。十一届三中全会后的反腐败斗争不是一般的经济行为，而是事关党和国家性质的政治行为，是改革开放能否沿着有利于广大人民群众的根本利益的轨道进行的大问题。1982年9月，陈云在中央纪律检查委员会第一次全体会议上提出建议，"要继续建立和健全党的纪律检查部门。县以上单位的党委，过去凡是没有建立纪律检查机构的，要尽快建立；已经建立的，有些还要加强力量。一般说来，凡是设有纪律检查委

---

[1] 《陈云传》（下），中央文献出版社2005年版，第1721页。

员会或纪律检查组的地方，都应当有专职的纪检干部。"[①]

## （二）改革党和国家领导制度

在改革开放的进程中，鉴于以往党和国家政治生活中的经验教训，开始启动党和国家领导制度改革。1980年8月，中共中央政治局（扩大）会议的主题是党和国家领导制度的改革以及进一步发展社会主义民主问题。邓小平发表了《党和国家领导制度的改革》的讲话，指出："我们过去发生的各种错误，固然与某些领导人的思想、作风有关，但组织制度、工作制度方面的问题更重要"，必须引起全党的高度重视。党和国家领导制度方面的主要弊端是官僚主义、权力过分集中、家长制、干部领导职务终身制和形形色色的特权等现象，其核心则是权力过分集中。只有对这些弊端进行有计划、有步骤而又坚决彻底的改革，人民才会信任我们的党和社会主义。讲话提出了当前党和国家要逐步实行的重大改革措施：建议修改宪法，体现不允许权力过分集中的原则；设立中央顾问委员会；实行党政分开；真正建立集体领导和个人分工负责相结合的制度；各企事业单位要普遍成立职工代表大会或代表会议等等。这篇讲话指导了党和国家的领导制度改革的方向，成为进行政治体制改革的纲领性文件。此后，新时期的政治体制改革开始迈出实质性的步伐。1979年修宪后，县和县级以上地方人大设立常委会，将县一级人大代表改为直选。1982年宪法重新阐明了中

---

[①] 《陈云文集》第三卷，中央文献出版社2005年版，第511—512页。

国的政治经济制度、国家机构和内外基本政策，规定设立国家主席和副主席；国家领导人连续任职不得超过两届。领导职务实际上存在的终身制开始改变。党和政府的各级领导得到加强，优良的传统作风逐步得到恢复。

### （三）干部队伍改革

中共十一届三中全会后，随着逐步废除干部领导职务实际存在的终身制，干部队伍在"文革"后面临的政治不纯、年龄老化、文化水平不高等严峻问题更为凸显，党内干部青黄不接。中共中央采取了积极推进干部队伍现代化的标准和要求，加大了培养和选拔中青年干部的力度，干部队伍建设的革命化、年轻化、知识化、专业化步伐加快。1981年5月，陈云正式向党中央提出《提拔培养中青年干部是当务之急》的建议，认为提拔培养中青年干部是当务之急，要求从现在起，就成千上万地提拔培养中青年干部，并建议中共中央组织部成立青年干部局和技术干部局。6月8日，他召集座谈会，研究老干部离休、退休问题，并提出要制定相关条例。7月2日，邓小平在省、市、自治区党委书记座谈会上指出，陈云同志关于提拔培养中青年干部和老干部离休退休这两条建议十分迫切，十分重要。选拔培养中青年干部这个问题是个战略问题，是决定我们命运的问题。他建议订一个五年计划，一个十年计划，要求老同志把选拔中青年干部"当作第一位的任务来解决"。1982年2月，中央作出了《关于建立老干部退休制度的决定》。大批老干部退出领导班子，党的新老干部合作交替加速，一大批德才兼备、年富力强的中青年干部陆续走上领导岗位。为适应改革开放和经济社会发展的需要，1981年底到1982年6月，中央国家机关开始进行机构改革，明确规定各级各部的职数、年龄和文化结构，减少了副职，提高了素质。改革后，国务院的工作部门从100个减为61个，人员编制从原来的5.1万人减为3万人。随后，省、地、县三级也相继进行了机构改革，对各级党政群机关人员编制重新定编。经过改革，大幅度精简了各级领导班子，干部队伍的革命化、年轻化、知识化、专业化初见成效。

# 五、社会文化的发展

## （一）恢复高考制度

1977年，刚刚复出的邓小平主动要求分管教育科学工作。8月8日，他在北京主持召开了科学和教育工作座谈会，邀请了30多位著名科学家和教育工作者参加。会上，邓小平肯定新中国成立后科教事业取得了很大成就，强调"科学技术是生产力"，为社会主义服务的脑力劳动者是劳动人民的一部分，使知识和知识分子重新受到重视。

与会者震动极大，群情振奋，纷纷主张立即恢复高考，得到邓小平明确支持。从8月中旬开到9月下旬的高等学校招生工作会议，在激烈的争论后最终达成共识，改变"推荐上大学"的招生方法，恢复高考制度。

1977年10月，国务院批转教育部《关于1977年高等学校招生工作的意见》，正式宣布当年全国高校重新通过统一考试招收新生，凡是工人、农民、上山下乡和回乡知识青年、复员军人、干部和应届毕业生，符合条件均可报考。招生办法是自愿报名，统一考试，地市初选，学校录取。恢复统一考试，由省级命题。招生考试在冬季进行，新生春季入学。在"文化大革命"中被废弃的高考制度得到恢复。

人们奔走相告，急切地渴求学习知识的机会。1977年冬天，关闭十余年之久的高考之门重新打开。全国570多万年龄悬殊、身份不同的人参加了考试。按照当时的办学条件，全国大专院校录取新生27.3万人；1978年，610万人报考，录取40.2万人。七七级学生1978年春季入学，七八级学生秋季入学，两次招生仅相隔半年。

高考制度的恢复具有深远的历史意义，强烈地震撼了教育界和全社会。人才选拔的公平、公正和科学原则的重新确立，激励了成千上万的人拿起书本，通过知识改变个人命运，进而奠定一个国家重新复兴和兴旺的

图为1978年3月，清华大学七七级的800多名新生在上课。

根本。高考制度的恢复直接改变和推动了中国的教育改革和教育发展，广大教师群体也为之精神振奋。更为重要的是，国家和民族的人才培养重新步入有序发展轨道，尊重知识、尊重人才的氛围逐渐养成，教育科学文化工作呈现初步繁荣景象。

**（二）解决就业**

20世纪70年代末，中国出现了"上山下乡"的知识青年回城潮，据统计，仅1978年和1979年这两年中，全国返城的知识青年就达到了650万人以上。由于就业制度的"统分统配"，国有和集体经济单位就业渠道容量有限，再加上"文革"造成的经济停滞，岗位需求减少，大量回城知青及应届毕业生无法就业。就业是民生之本，解决就业问题对社会稳定意义重大。针对严峻的就业形势，1980年8月，党中央在北京召开了全国劳动工作会议，明确提出实行劳动部门介绍就业，自愿组织起来就业和自谋职业相结合的"三结合"就业方针。1981年国家劳动总局和国务院知青办合署办公，成立就业司，统管知青工作的遗留问题。1981年10月，中央又作出了《关于广开门路、搞活经济、解决城镇就业问题的若干决定》，进一步明确了多渠道解决就业问题的政策。各级政府按照"三结合"方针进行就业安置工作。知青首先到父母所在单位顶替岗位，还有的组织起来就业，在全民企业、街道集体企业进行劳动生产。另外一部分自谋职业，从事餐饮业、小区服务性行业、修旧利废等。不同的就业方式，以及个体经济的兴起，促使人们逐渐摒弃轻视集体、鄙视个体、轻视消费、鄙薄业务性行业的传统观念，积极组织起来就业和自谋职业，乐于到集体单位就业和从事个体劳动，观念的转变极大地促进了就业问题的解决。1979年至1981年3年间，初步解决了多年积累的知识青年就业问题。城镇新安置就业总数达2622.6万人。有10个省、市、自治区把1979年以前的待业人员基本上安置完毕，并有一些城市和县镇基本上解决了待业人员的就业问题。①

### （三）文艺政策的调整

从1978年到1982年，全国文艺界进行了关于文艺与政治关系的大讨论，引起各方面广泛的关注重视。中共十一届三中全会确立的解放思想、实事求是的思想路线促使党的文艺政策作出重大调整。1979年10月30日，第四次中华全国文学艺术工作者代表大会在北京开幕。来自全国各民族的文学家、戏剧家、美术家、音乐家、表演艺术家、电影工作者和其他文艺工作者的代表3000多人参加了会议。经历了"文革"浩劫的中国文学艺术界，以此次会议的召开为标志，迎来了新的春天。与会者对邓小平提出的不提文艺从属于政治的意见取得共识，但对于文艺与政治的关系问题和新口号的提法仍有争议。经过多番争论，1980年7月26日，《人民日报》发表了题为《文艺为人民服务，为社会主义服务》的社论，提出文艺工作总的口号应当是"文艺为人民服务，为社会主义服务"。这一口号代替了原来的"文艺从属于政治"或"文艺为政治服务"。社论指出："为人民服务，为社会主义服务，这个口号概括了文艺工作的总任务和根本目的，

---

① 《三中全会以来重要文献选编》上册，人民出版社1982年版，第1321页。

它包括了为政治服务，但比孤立地提为政治服务更全面，更科学。""二为"成为新时期党的文艺方针政策的重要组成部分，文艺领域重新迸发出蓬勃生机。

同其他领域一样，文学艺术受到了中共十一届三中全会精神的积极影响，创作革新精神普遍高涨，出现了空前的繁荣和活跃。"百花齐放，百家争鸣"方针得到贯彻执行，作家艺术家获得创作自由，自觉地记录历史前进的脚步，创作题材、主题、人物、形式和风格更加个性化和多样化。同时，中共十一届三中全会作出了全党工作重点转移到现代化建设上来的重大决策，新时期改革开放的火热实践为文艺的繁荣发展提供了素材基础和灵感源泉。这一时期，涌现出了大量高扬改革开放时代主旋律，充满时代色彩的优秀作品。

### （四）社会风尚的变化

从1978年改革起步的几年间，新事物不断涌现，社会生活也发生了很大的变化，人人都能感受到改革带来的巨大变化。1980年5月，《中国青年》第5期刊登了署名潘晓的来信，诉说"文化大革命"以来的经历和苦闷心境，表达了对人生意义的思考。《中国青年》开辟了"人生的意义究竟是什么"的讨论专栏，引发了"人生的意义究竟是什么"的全国性大讨论。大讨论持续了一年左右的时间，讨论的形式有信、图、歌曲等。1980年7月29日，《人民日报》发表了《人生观的讨论值得重视》的评论员文章，肯定讨论恢复了党思想政治工作的好传统，很值得重视。大讨论鲜明地提出了"自我价值"，对改革开放以来全新价值观的演变具有转折意义。中国人对一系列事件或现象的价值评价开始具有了新的内容和新的特点，这反映了中共十一届三中全会后的思想进步。

时代振兴带来了社会物质生活的新气象，摆脱"文革"的桎梏，贫乏的社会生活开始改变。中共十一届三中全会后，国家开始改革商品流通体制，首先是打破了农副产品计划管得过宽过死的政策和体制。从1979年起，国务院先后重新限定农副产品的统购和派购范围，进一步放宽农副产品自由上市和自由运销的政策，允许个体商贩和农民长途贩运，提倡产销直接见面。从1984年开始，以布票为首的各种票证逐渐退出中国的流通领域。城市在企业扩大自主权后建立起城乡相互开放的流通机制，禽蛋蔬菜的价格逐渐放开，一些工业品也逐步达到了供需平衡。商品多渠道地流转城乡，激活了流通主体，繁荣了流通市场，增强了流通业在引导生产、促进消费、吸纳就业等方面的作用。流通体制改革在行政管理体制、所有制结构、商品购销政策、企业经营机制、对外开放等各方面取得了重大突破。除了国有商业的主要渠道，集体和个体经济发展，商业、业务性行业和消费品生产行业壮大，各种联营店铺、小商品批发市场、农工商联合企业相继出现，城乡农贸市场发展。人们的衣食住行得到明显改善。

随着城乡经济的活跃、轻工业消费品生产的发展，人们的穿着越来越丰富。女性服装充当了时尚的风向标，花色从单一的灰、黑、蓝变得五颜六色，款式、面料更加多样化和个性化。1980年国产故事片《庐山恋》公映，女主角新颖潮流的时装唤醒了人们深埋于心的美的追求，年轻人争相效仿。戴太阳镜、留长头发、穿喇叭裤、蝙蝠衫也逐渐成为潮流。1980年2月13日，第13届冬季奥林匹克运动会在美国普莱西德湖举行，中国派体

图为电影《庐山恋》剧照，该片在中国电影史上占有浓墨重彩的一笔，影响了中国几代人。

育代表团参加了此次运动会。这是中国首次参加冬季奥运会。中国28名男女运动员参加了18个项目的比赛。中国人以极快的速度赶上了世界潮流，1981年，以"服装广告艺术表演班"的名义招生成立了中国大陆第一支时装模特队。中国社会开始树立改革开放后新的社会形象。从社会风尚的变化上，可以看出人们的思想观念和精神面貌随着改革开放时代的到来而变化。

# 小　结

在中国改革开放40年的历史进程中，1978—1982年无疑是奠基性的。中国终于从"文化大革命"造成的困境中走出来，通过改革开放重新获得生机和力量。以中共十一届三中全会为起点，前所未有的改革开放成为当代中国最为鲜明的特征。经过拨乱反正，农村改革开始突破、城市改革进行试点，经济特区也从无到有，政治体制改革启动，中国人民进入了改革开放和社会主义现代化建设的新时期，中国共产党解放思想、实事求是，开辟了一条符合国情和加快发展的新道路。40年来，中国人民以坚定的步伐，沿着这条道路渐次展开实践，取得了举世瞩目的建设成就。

# 第二章
## 改革开放的全面展开和曲折发展
## （1982—1992）

在完成指导思想和各领域拨乱反正任务，改革开放初见成效的形势下，1982 年中共十二大制定全面开创社会主义现代化建设新局面的奋斗纲领，改革开放由此全面展开。农业与工业、农村与城市、改革与发展作为一个整体相互促进。中共十三大全面系统地阐明了社会主义初级阶段理论，在理论上实现了马克思主义中国化的第二次飞跃。中共十三大结束后，为适应改革开放的需要，中国共产党进一步加强了组织和干部建设。1989 年后，国际国内形势一度复杂多变，中国经受住了考验，坚定地继续推进改革开放。

# 一、为全面改革开放确立战略和规划

### （一）初步形成实现小康为目标的发展战略

1982年9月1日至11日，中国共产党召开第十二次全国代表大会。邓小平在大会开幕词中明确提出，"把马克思主义的普遍真理同我国的具体实际结合起来，走自己的道路，建设有中国特色的社会主义"，建设有中国特色的社会主义的指导思想成为进行改革开放和现代化建设的旗帜。

大会通过了题为《全面开创社会主义现代化建设的新局面》的报告。大会认为，十一届三中全会以来的路线、方针和政策是正确的，工作是卓有成效的。会议提出了中国共产党在新的历史时期的总任务：团结全国各族人民，自力更生，艰苦奋斗，逐步实现工业、农业、国防和科学技术现代化，把中国建设成为高度文明、高度民主的社会主义国家。根据总任务的要求，又提出了全面开创中国社会主义现代化建设新局面的奋斗目标、战略重点、实施步骤和方针政策。其中，经济建设的总奋斗目标是：从1981年到20世纪末的20年，在不断提高经济效益的前提下，力争使全国工农业的年总产值翻两番，即由1980年的7100亿元增加到2000年的28000亿元左右，实现这个目标，城乡人民的收入将成倍增长，人民的物质文化生活达到小康水平。为实现这一目标，报告提出，要以农业、能源和交通、教育和科学作为战略重点，抓紧制订经济体制改革的总体方案和实施步骤。在战略步骤上分为两步：前十年主要是打好基础，积蓄力量，创造条件；后十年要进入一个新的经济振兴时期。

中共十二大将"小康"作为主要奋斗目标和中国国民经济和社会发展的阶段性标志。邓小平最早以"小康"概念描述中国式的现代化，1979年12月6日，邓小平在会见日本首相大平正芳时说："我们要实现四个现代化，是中国式的现代化。我们的四个现代化的概念，不是像你们那样的现代化的概念，而是'小康之家'。到本世纪末，中国的四个现代化即使达到了某种目标，我们的国民生产总值人均水平也还是很低的。要达到第三世界中比较富裕一点的国家的水平，比如国民生产总值人均一千美元，也还得付出很大的努力。中国到那时也还是一个小康的状态。"1984年，他又补充了这一概念："所谓小康，就是到本世纪末，国民生产总值人均800美元。"①

中共十二大的一个重要贡献是在提出经济建设目标的同时，明确指出社会主义精神文明和社会主义民主都是社会主义的重要特征，是社会主义制度优越性的重要表现。在促进经济建设全面高涨的同时，要努力建设高度的社会主义精神文明、高度的社会主义民主。这些任务的提出体现了社会主义现代化建设的全面性要求，丰富和发展了科学社会主义理论，也标

---

① 《邓小平文选》第三卷，第64页。

志着中国共产党对社会主义的理解更加全面和深刻。

　　大会审议通过了新修改的《中国共产党章程》。邓小平十分重视党章的修改工作，明确指出："修改党章是要进一步明确党在四个现代化建设中的地位和作用。执政党应该是一个什么样的党，执政党的党员应该怎样才合格，党怎样才叫善于领导？"中共十二大党章清除了十一大党章中的"左"倾错误，继承和发展了中共七大和八大党章优点；对全体党员特别是党员领导干部提出更加严格的要求，提高党组织的战斗力，坚持和改善党的领导；对党的民主集中制作了比较充分系统的规定；增加了"党禁止任何形式的个人崇拜"等内容。中共十二大党章对党的中央和地方组织体制作出新规定。规定中共中央只设总书记，不再设主席和副主席。党的全国代表大会选举中央委员会时，还要选举中央顾问委员会和中央纪律检查委员会。大会还根据新党章，选举出中央顾问委员会作为中央领导层新老交替的过渡性机构，以发挥许多从第一线退下来的富有经验的老同志对党的事业的参谋作用。

　　在改革开放进程启动的基础上，中共十二大适应国内外形势的发展作出一系列战略部署，标志着中国社会主义现代化建设的新局面的开创。

### （二）经济体制改革全面展开的纲领

　　中共十二大后，改革开放全面展开。实行家庭承包经营为主的农村改革继续推进，扩大企业自主权的城市体制改革试验和探索逐步扩展。改革实践的明显成效引发了思考：如何摆脱计划经济的以及忽视商品经济的习惯思维，全面推进改革开放。党中央为此及时制订进行经济体制全面改革的纲领，加快社会主义现代化建设的步伐。

1984年10月20日，中共十二届三中全会在北京召开。全会总结了新中国成立以来特别是十一届三中全会以来经济体制改革的成功经验，系统地提出和阐明了经济体制改革中的重大理论和实践问题。全会认为，社会主义经济是在公有制基础上的有计划的商品经济。实行计划经济同运用价值规律，发展商品经济，不是相互排斥的，而是统一的。

全会通过了《中共中央关于经济体制改革的决定》。其内容主要涵盖以下七个方面。

一是关于社会主义经济的本质属性。第一次在中共中央的文件上突破了把计划经济同商品经济对立起来的老框框，明确提出社会主义经济是"在公有制基础上的有计划的商品经济"，强调只有充分发展商品经济，才

1984年，江苏省无锡县前洲乡西塘村乡镇企业无线电厂的务工农民在装配电视机。

能把经济真正搞活，促使各个企业提高效率，灵活经营，灵敏地适应复杂多变的社会需求，而这是单纯依靠行政手段和指令性计划所不能做到的。

二是关于所有制结构。明确肯定集体经济是"社会主义经济的重要组成部分"，个体经济是"社会主义经济必要的有益的补充"，突破了"一大二公"、公有制程度越高越好的传统观念。

三是关于经济调节机制。突破了中共十二大提出的经济体制改革要"正确贯彻计划经济为主、市场调节为辅的原则"，明确指出国民经济计划就总体来说只能是粗线条的和有弹性的，只能通过计划的综合平衡和经济手段的调节，做到大的方面管住管好、小的方面放开放活，保证重大比例关系比较适当；要有步骤地适当缩小指令性计划的范围，适当扩大指导性计划的范围。

四是关于国家和企业的关系。提出增强企业活力，尤其是增强国营大中型企业的活力是经济体制改革的中心环节，同时要正确认识社会主义企业的性质和地位，把全民所有制企业的所有权和经营权适当分开，使企业真正成为相对独立的社会主义商品的生产者和经营者，成为自主经营、自负盈亏的社会主义商品生产者和经营者，具有自我改造和自我发展的能力，成为具有一定权利和义务的法人。要按照政企职责分开、简政放权的原则进行改革，各级政府部门原则上不再直接经营管理企业，突破了全民所有与国家机构直接经营企业混为一谈的传统观念及政府对企业实行集中统一、包揽一切的做法。

五是关于企业领导体制。明确规定企业要实行厂长（经理）负责制，企业中的党组织要积极支持厂长行使统一指挥生产经营活动的职权。

六是关于经济利益分配。明确指出要允许和鼓励一部分地区、一部分企业和一部分人依靠勤奋劳动先富起来，带动越来越多的人一浪接一浪地走向富裕，强调在企业内部，要实行工资奖金同经济利益挂钩，扩大工资差距，拉开档次，以充分体现奖勤罚懒、奖优罚劣，一定程度上纠正了"社会主义就是要平均"、"把共同富裕理解为完全平均和同步富裕"的偏颇观念和忽视企业、劳动者个人利益的做法。

七是关于经济结构和地区布局。明确要求地区之间、行业之间都打破封锁，打开门户，按照扬长避短、形式多样、互利互惠、共同发展的原则，大力促进横向经济联系，"逐步形成以城市特别是大、中城市为依托的，不同规模的，开放式、网络型的经济区"，突破了以纵向联系为主、条块分割、互相封锁的格局。

《决定》突破了把计划经济和市场经济对立起来的传统观念，实现理论上的创新和对改革实践的部署，成为指导中国经济体制改革的纲领性文献。正如邓小平指出的："这个决定，是马克思主义的基本原理和中国社会主义实践相结合的政治经济学。"[①]对推动经济体制的改革，建设有中国特色的社会主义，具有重大的现实意义和深远的历史意义。改革开放的局面进一步打开。

（三）社会主义初级阶段理论的提出

1987年10月25日至11月1日，中国共产党第十三次全国代表大会在北

---

① 《邓小平年谱（1975—1997）》（下），中央文献出版社2004年版，第1007页。

京召开。从十一届三中全会到十三大的九年间，是新中国成立以来国家经济实力增长最快的时期。大会的主题是沿着有中国特色社会主义道路前进，大会的中心任务是加快和深化改革。大会讨论了经济体制改革和政治体制改革问题，作出了相应的决策。会议审议并通过了《沿着有中国特色的社会主义道路前进》的报告。中共十三大作出了中国社会现在所处的历史阶段为社会主义初级阶段的论断。这个论断包含两层含义，第一，中国社会已经是社会主义社会，必须坚持而不能离开社会主义；第二，中国的社会主义还处在初级阶段，必须从这个实际出发，不能超越这个阶段。社会主义初级阶段理论，是十一届三中全会之后，在中国社会主义建设实践的基础上，对社会主义和中国国情进行再认识的成果和总结。

中共十三大从中国人口结构、工业发展水平、地区发展状况、科学教育文化发展等方面分析了社会主义初级阶段的基本特征，指出中国社会主义初级阶段，是逐步摆脱贫穷、摆脱落后的阶段；是由农业人口占多数的手工劳动为基础的农业国，逐步变为非农产业人口占多数的现代化的工业国的阶段；是由自然经济半自然经济占很大比重，变为商品经济高度发达的阶段；是通过改革和探索，建立和发展充满活力的社会主义经济、政治、文化体制的阶段；是全民奋起，艰苦创业，实现中华民族伟大复兴的阶段。十三大从中国社会主义初级阶段的国情出发，明确指出中国建设社会主义的指导方针是，第一，必须集中力量以发展生产力为中心，进行现代化建设。第二，必须坚持全面改革，把改革作为推进一切工作的动力。第三，必须坚持对外开放，努力吸收世界一切文明成果，逐步缩小同发达国家的差距。第四，必须以公有制为主体，大力发展有计划的商品经济。

第五，必须以安定团结为前提，努力建设民主政治。第六，必须以马克思主义为指导，努力建设精神文明。在深刻分析国情的基础上，提出了党在社会主义初级阶段的基本路线：领导和团结全国各族人民，以经济建设为中心，坚持四项基本原则，坚持改革开放，自力更生，艰苦创业，为把我国建设成为富强、民主、文明的社会主义现代化国家而奋斗。

大会提出三步走，实现现代化的战略构想：第一步，实现国民生产总值比1980年翻一番，解决人民的温饱问题；第二步，到20世纪末，使国民生产总值再增长一倍，人民生活达到小康水平；第三步，到21世纪中叶，人均国民生产总值达到中等发达国家水平，人民生活比较富裕，基本实现现代化。

中共十三大体现了经济体制改革探索的最新成果。1987年2月中共十三大前夕，邓小平结合实际情况提出计划和市场都是方法，只要对发展生产力有好处，就可以利用。十三大进一步阐释了十二届三中全会提出的有计划的商品经济理论，指出社会主义有计划的商品经济体制应该是计划与市场内在统一的体制，并提出了"国家调节市场，市场引导企业"的经济运行机制。当前深化改革的任务是，围绕转变企业经营机制这个中心环节，分阶段地进行计划、投资、物资、财政、金融、外贸等方面体制的配套改革，逐步建立起有计划商品经济新体制的基本框架。既是在对外开放的实践促使下取得的，反过来又极大地促进了对外开放事业，两者相得益彰、相互促进。

中共十三大是在改革开放全面展开的过程中召开的，是对中共十一届三中全会以来路线的继续、丰富和发展，实现了马克思主义中国化的新飞跃，开辟了具有中国特色的社会主义建设之路。

# 二、推进民主法制和干部队伍建设取得进展

## （一）民主法制建设的进展

按照中共十二大的要求，社会主义民主与法制建设也得到推进，取得了突破性进展。1982年12月4日，第五届全国人民代表大会第五次会议表决通过了《中华人民共和国宪法》，新宪法以1954年宪法为基础，体现了十一届三中全会所确立的路线、方针、政策，以根本大法的形式对中国的根本政治制度、经济制度，对国家的根本任务，公民的基本权利和义务等作出明确规定。新宪法以四项基本原则作为总的指导思想，在内容上增加了"民主集中制"的具体内容，恢复了1954年宪法关于公民在法律面前一律平等的规定。

1982年宪法在新中国历史上第一次以宪法的形式明确规定了国家领导职务的任期制度，废除了长期以来实际存在的领导干部职务终身制，使党和国家领导制度的改革实现了宪法化。具体规定是：恢复设国家主席和副主席，规定国家主席履行国家元首职责；国家设立中央军事委员会，领导全国的武装力量；国务院实行总理负责制；国家主席和副主席，全国人大

常委会委员长、副委员长，国务院总理、副总理等国家领导人连续任职不得超过两届。

1982年宪法发展了人民代表大会制度，将原来属于全国人大的一部分职权交由它的常委会行使。如，规定全国人大常委会行使立法权，有权制定法律，并在全国人大闭会期间，对全国人大制定的基本法律进行修改或者补充。

把城乡基层群众自治写入宪法是1982年宪法的重要贡献之一。在家庭联产承包制普遍实行的基础上，1983年10月，党中央作出决定，废除人民公社，建立乡（镇）政府作为基层政权，同时成立村民委员会作为群众性自治组织。到1985年春，各地农村全部结束这项工作。1989年12月，全国人大常委会制定了城市居民委员会组织法，促进城市基层社会主义民主。宪法规定并通过职工代表大会和其他形式的民主管理的法律。1982年宪法规定了实行民族区域自治制度的内容。规定自治区主席、自治州州长、自治县县长由实行区域自治的民族人员担任；在国家计划指导下，自治机关自主地管理地方性的经济建设事业和教育、科学、文化、卫生、体育事业等。根据这些原则，1984年10月1日，《中华人民共和国民族区域自治法》颁布，民族地区的自治权进一步扩大。

### （二）政治体制改革方案设计与实践

20世纪80年代中期，随着经济体制改革的全面展开，政治体制改革的要求也提上了议事日程。邓小平指出：政治体制改革同经济体制改革应该相互依赖，相互配合。只搞经济体制改革，不搞政治体制改革，经济体制改革也搞不通，因为首先遇到人的障碍。从这个角度来讲，我们所有的改革最终能不能成功，还是决定于政治体制改革。[①]

在邓小平的指示下，1986年9月，中共中央成立了政治体制改革研讨小组对政治体制改革进行专题研讨。经过一年的努力，形成了《政治体制改革总体设想》的方案，其基本内容被写入中央委员会向中共十三大的报告中。中共十三大强调政治体制改革要适应经济体制改革，适应生产力的发展和人民群众的要求，强调要采取坚决、审慎的方针。政治体制改革有了一个蓝图。

政治体制改革从多方面展开。一是实行党政分开，解决党如何善于领导的问题。首先明确党和政府的不同职能。党的领导是政治领导，即政治原则、政治方向、重大决策的领导和向国家机关推荐重要干部。政府的领导则是使党的主张经过法定程序变成国家意志，通过党组织的活动和党员的模范作用带动广大人民群众，实现党的路线、方针、政策。其次是调整党的组织形式和工作机构。在具体措施上，各级党委不再设立不在政府任职但又分管政府工作的专职书记、常委。党委办事机构强调少而精，与政府机构重叠对口的部门被撤销，其管理的行政事务转由政府的有关部门管理。

二是实现权力下放，解决中央和地方以及地方各级的关系，并在此基础上精简机构。在具体措施上，权力下放以扩大中心城市和企事业单位的权力为重点，凡是规定下放到城市和企事业的权力，各中间层次一律不再

---

① 《邓小平文选》第三卷，人民出版社1993年版，第164页。

截留。在保证全国政令统一的前提下，逐步划清中央和地方的职责。政府与企事业单位按照自主经营、自主管理的原则，做到各单位的事情自己管理，政府按照法规政策为企业服务并进行监督。

### （三）干部队伍建设的进展

干部队伍"四化"①方针的形成，是中共第二代中央领导集体着力破解"文化大革命"结束后干部队伍政治上不纯、年龄偏高、文化偏低困局的根本途径，有助于建设一支政治坚定、年龄和专业结构合理的干部队伍。第二代中央领导集体按照"四化"方针，自上而下地改革和调整各级领导机构和领导班子，不断推进干部队伍的"四化"建设，成效显著。从1982年至1985年，省委正副书记、常委的平均年龄由61.9岁降到53.2岁，其中年龄在50岁以下的由6.3%上升到29.3%；正副省（市）长平均年龄由62.2岁下降到53.8岁，其中年龄在50岁以下的由6.3%上升到23.4%。1983—1991年，共有26.6万名中青年干部被提拔到县（处）级以上领导岗位，其中，大专以上学历的占64.3%，45岁以下的占52.3%。1991年，45岁以下的干部占70%以上，35岁以下的青年干部占43%，以中青年干部为主体的干部梯形年龄结构已基本形成。在"四化"方针的长期指导下，党不断培养造就了一批批适应社会主义现代化建设的高素质干部队伍，不断推动改革开放和社会主义现代化建设事业取得新的重大成就。干部队伍"四化"方

---

① "四化"指革命化、年轻化、知识化和专业化。

针的提出和落实，从根本上回答和解决了围绕不断推进中国特色社会主义事业如何加强干部队伍建设的重大问题，是中共第二代中央领导集体对中国特色社会主义事业的重要贡献。

# 三、经济体制改革全面深入

## （一）农村改革的深入

这一阶段，进一步改革农村经济管理体制、促进农村产业结构合理化的农村改革开始。中共十二大特别是十二届三中全会以后，经济体制改革全面展开。农村的家庭联产承包责任制迅速推向全国，农村经济商品化进程加快。十二届三中全会后，中国农村的改革发展到需要解决市场机制的宏观问题。1984年1月1日，中共中央发出《关于一九八四年农村工作的通知》，由于已经在改革中大体解决了对包产到户定性和解决农业和农村工商业的微观经营问题，这个"一号"文件着重解决的是商品生产和流通的问题。1984年粮食和棉花由长期的供不应求首次转变为供过于求，短缺经济状况有很大改变，中央看到农村产业结构的不合理亟待改善，提出要"抓紧粮多棉多的有利时机，加快农村产业结构的变革"。

1985年1月，中共中央和国务院发出《关于进一步活跃农村经济的十项政策》，这是指导农村改革的又一个"一号文件"。文件规定一是改革农产品统派购制度，逐步把价格放开，真正按价值规律办事，做市场调节的文章。二是调整农村产业结构，继续贯彻决不放松粮食生产、积极发展多种经营的方针，面向市场，因地制宜，使农业内部各个方面协调发展，逐步实现农村产业结构合理化。对粮、棉等少数重要产品取消统购，改为国家计划合同收购，国家定购以外的由市场调剂。农业税由实物税改为现金税。中国农村实行了30多年的农副产品统购派购的制度开始改变，国家大力倡导发展养殖业和其他经济作物。农村经济逐步纳入有计划的商品经济轨道，传统农业进一步向专业化、商品化、现代化转变。

1985年，农村改革继续调整产业结构，中国农村从此进入全面发展商品生产的新阶段。1986年1月1日，中共中央、国务院继续下发关于农村工作的"一号文件"，主题是增加农业投入，调整工农城乡关系。文件肯定了农村改革的方针政策是正确的，必须继续贯彻执行。农村中出现的一些新问题，只有深化改革才能加以解决；针对农业面临的停滞、徘徊和放松倾向，文件强调进一步摆正农业在国民经济中的地位。

农村改革后，大批剩余劳动力逐渐从土地上转移出来从事工业和加工业，乡镇企业获得了前所未有的发展机会，进行食品加工、服装、农业机械、水泥和化肥等商品生产。随着乡镇企业的兴起，一批具有城乡融合特征的新型中小城镇出现。1984年3月，中共中央、国务院转发农牧渔业部和部党组《关于开创社队企业新局面的报告》。与改革初期相比，乡镇企业在1984年至1988年的发展呈现出农民联户办和户办企业发展迅速、横向经济联合获得广泛发展、由"三就地"逐渐转向国际市场、由运用传统技术向运用现代科学技术转变等新特点。1986年6月12日，邓小平对乡镇企业的发展给予了高度评价："农村改革中，我们完全没有料到的最大的收获，就是乡镇企业发展起来了，突然冒出搞多种行业，搞商品经济，搞各种小型企业，异军突起。这不是我们中央的功绩。乡镇企业每年都是百分之二十几的增长率，持续几年，一直到现在还是这样。乡镇企业的发展，主要是工业，还包括其他行业，解决了占农村剩余劳动力百分之五十的人的出路问题。农民不往城里跑，而是建设大批小型新型乡镇。如果说在这个问题上中央有点功绩的话，就是中央制定的搞活政策是对头的。这个政策取得这样好的效果，使我们知道我们做了一件非常好的事情。这是我个人没有预料到的，许多同志也没有预料到，是突然冒出这样一个效果。"[①]1987年，乡镇企业从业人数达到8805万人，产值达到4764亿元，第一次超过农业总产值。这是改革开放新时期农村经济的历史性变化。

经过改革实践，农业生产摆脱长期停滞的困境。农作物大面积增产，农民收入大幅度增加，一些高档消费品开始进入普通农民家庭。广大农民在党的领导下，开辟了一条勤劳致富，逐步实现现代化的新路。

### （二）改革重点从农村转向城市

农村改革取得的成就和经验为改革重点转向城市创造了有利条件。围绕增强企业活力的中心环节，在继续扩大企业自主权的基础上，将所有权与经营权分离，实行"资产经营承包责任制"，推动国营企业走向市场。

1984年3月，《福建日报》刊登了福建国营骨干企业55位厂长的呼吁

---

[①] 《邓小平文选》第三卷，人民出版社1993年版，第238页。

书《请给我们松绑》，要求国营企业进一步放权。5月，国务院发出《关于进一步扩大国营工业企业自主权的暂行规定》，进一步下放权力。同年，"承包国营企业第一人"马胜利毛遂自荐承包石家庄造纸厂，率先在国营企业打破"铁饭碗、铁工资"，造纸厂迅速扭亏为盈，引发广泛关注，企业承包经营责任制逐步推广。

1984年10月，中共十二届二中全会《中共中央关于经济体制改革的决定》提出"增强企业活力是经济体制改革的中心环节"，要"确立国家和全民所有制企业之间的正确关系，扩大企业自主权"，并强调所有权同经营权是可以适当分开的，要使企业真正成为相对独立的经济实体，成为自主经营、自负盈亏的社会主义商品生产者和经营者，具有自我改造和自我发展的能力，成为具有一定权利的义务的法人。在《决定》的指导下，1985年9月，国务院批转国家经济委员会、国家经济体制改革委员会《关于增强大中型国营工业企业活力若干问题的暂行规定》，规定共有14条：鼓励企业开展一业为主，多种经营；发展企业之间的横向联系；改进物资供应和产品销售的办法；适当缩小指令性计划；调减调节税，增强企业自我改造能力；给部分大型企业直接对外经营权；清理、整顿公司；部门和城市都要实行政企职责分开、简政放权。1986年12月5日，国务院发布《关于深化企业改革增强企业活力的若干规定》，推行多种形式的经营承包责任制，给经营者以充分的经营自主权。同时，对国营企业的利税政策进行调整，并在具体的实施过程中通过多种形式加以完善。全民所有制企业以向国家缴纳所得税替代上缴利润的一种利润分配办法继续实行，逐步过渡到完全以税代利，从1984年10月1日起在计算缴纳所得税和调节税后，税后利润全部留给企业。承包经营责任制、租赁制、股份制等搞活企业的多种经营方式出现，到1987年底，全国预算内全民所有制企业有78%实行了承包制。承包制的普遍实行是计划经济下的国营企业向市场经济下的国有企业转化迈出的第一步，企业初步完成了从计划到市场的转变。1988年4月，为了加强对国有资产的管理，理顺国家与企业的财产关系，国务院直属国有资产管理局成立，行使国有资产所有者的代表权、监督管理权、投资和收益权、处置权。1987年大中型企业普遍推行企业承包经营责任制后，采用不同方式承包上缴利润数。

一系列重要的企业法律法规也随着企业改革的进程出台。1986年12月，第六届全国人民代表大会常务委员会第十八次会议通过《中华人民共和国企业破产法（试行）》，该法规定企业资不抵债时可以申请破产。1988年4月，第七届全国人民代表大会第一次会议通过《中华人民共和国全民所有制工业企业法》，这是新中国成立以来全民所有制企业的第一部基本大法，明确了全民所有制工业企业的权利和义务。其中第四十五条规定厂长是企业的法定代表人，企业建立以厂长为首的生产经营管理系统，厂长在企业中处于中心地位，对企业的物质文明建设和精神文明建设负有全面责任。

全民所有制中小型企业数量多、分布散，改革方式更为灵活。1986年9月9日，沈阳市三家国营小商店拍卖给个人，成为小型商业企业改革以来第一个搞拍卖试点的市。9月11日的《人民日报》对此作了专门的报道。

政府力图为各类企业创造平等的竞争环境，促进了不同所有制企业的发展。这些企业在提供就业岗位、改善人民生活、活跃市场环境等方面发挥了重要作用。据统计，1986年8月18日，全国城乡个体工商业者达1700万人，比10年前增加近百倍。1988年七届全国人大一次会议通过的《中华人民共和国宪法修正案》，增加了国家允许私营经济在法律规定的范围内存在和发展的内容。1988年6月，国务院发布《中华人民共和国私营企业暂行条例》，确定私营经济是社会主义公有制经济的补充，宣布国家保护私营企业的合法权益。这些法律法规为非国有经济的发展提供了法律保障。1985—1990年间，工业总产值中的城乡个体企业比重由1.9%上升至5.4%。私营经济的发展，改变了生产领域单一的所有制结构。

人民群众的消费结构在质和量上也发生了深刻变化，从80年代初期满足柴米油盐的生活必需品，逐步过渡到80年代中期开始满足多样性的日用消费品。随着社会生产能力的提高，彩电、冰箱、洗衣机等耐用消费品开始进入人们的生活，购买逐渐兴旺。80年代初，由于中国彩电生产线只有几条，彩电成为昂贵的家庭耐用消费品，16英寸的彩电价格5000元左右，80年代末开始，彩电生产线迅速增加，达到100多条，彩电开始走进千家万户。

## （三）宏观管理机制的改革

按照发展社会主义有计划商品经济的要求，国民经济的价格、金融、税收等宏观管理的范围和方式得到调整，进行了一系列改革。在计划管理权改革上，主要是有步骤地缩小指令性计划，扩大了指导性计划，到1987年，在生产领域中，国家指令性计划的工业产品从改革前的120种减少到60种；流通领域中国家计划管理的商品从改革前的188种减少到23种。小商品和计划外商品都由市场调节。生产资料逐渐成为商品，到1990年，将近850种生产资料，由国家统一计划调拨的方式转变为市场调控，流通领域有效和方便的运转支持改革的进行。

在投资体制改革上，国家陆续下放一部分投资审批权，对基本建设实行投入产出包干制。地方政府成了基础设施建设投资主体，由财政税收与行政收费并行，专款专用。一些城市开始对基础设施收费，如过桥费、过路费等。

在财税体制改革上，1983年全国国营企业推行了第一步"利改税"，国营企业由完全上缴利润变为"税利并存"，即对国营企业的利润，先征收一定比例的所得税，然后根据企业的不同情况，对税后利润采取多种形

1991年7月，深圳证券交易所开业，股票市场活跃。图为交易大厅等待购买股票的股民。

式在国家与企业之间进行分配。1984年国营企业又进行了第二步"利改税"，将"税利并存"过渡到完全的"以税代利"，税后利润留给企业使用。"利改税"后，税收收入成为财政收入的最大来源。随着个体、私营经济的兴起，1986年开始有个体工商业户所得税，后来又增加了私营企业所得税。

在金融体制改革上，以金融机构初步多元和金融业务多样为基础，从1984年1月1日起，中国人民银行开始专门行使中央银行的职能，重点管理全国宏观金融决策、信贷总量的控制和金融机构的资金调节，力求达到货币稳定；同时新设中国工商银行，承担以往人民银行工商信贷和储蓄业务。这初步改变了原来高度集中的信贷管理体制，调动了基层银行的积极性，从而确立了中国金融体制向现代市场金融体制转变的机制。1990年12月1日，深圳新中国历史上第一个按照国际惯例进行集中交易的深圳证券交易所诞生。

在市场化改革中，价格、税收、金融等经济杠杆在宏观调控中的作用日益增强，促进了商品经济的发展。

# 四、对国民经济的治理整顿和"八五"计划开局

　　治理整顿是与深化改革相结合的。1988年，改革开放进入第十年。中国经济经历了快速发展，综合国力不断提升。但是，由于经济的迅速发展和经济体制的转轨，一些深层次的矛盾暴露出来。由于通货膨胀，1988年4、5月份先后出现数次商品抢购风潮。为在短期内迅速理顺价格体系，中国启动了"价格闯关"，想一次性理顺价格关系，彻底解决流通领域的价格扭曲问题。1988年8月，中共中央政治局第十次全体会议讨论并原则通过《关于价格、工资改革的初步方案》，提出五年理顺价格的方案，即前三年大步走，后两年微调，五年内物价上升70%—90%，工资上升90%—100%。8月19日，《人民日报》报道了中共中央政治局第十次全体会议的情况和价格改革方案的基本内容，有关价格改革的消息引发了人民群众对未来通货膨胀的恐慌，从而出现了商品抢购的风潮。人们抢购的商品从衣食等生活资料到电视机、录音机、电冰箱等耐用消费品，物价呈现全面上涨态势，全国储蓄额也随之大幅度下降，导致信贷资金不足，影响经济发展。

　　抢购恐慌引发的经济、社会风险，使价格闯关改革受挫，中央进行紧急调整。1988年8月30日，国务院正式发布《关于做好当前物价工作和稳

定市场的紧急通知》。《通知》说，下半年不再出台新的调价措施，下一年的价格改革也是走小步，工作重点从深化改革转到治理环境、整顿秩序上来。《通知》对平息抢购风、控制物价、稳定市场都发挥了积极作用。各地也纷纷出台紧急措施，以控制物价和稳定市场，包括保证商品生产、增加有效供应、组织开展物价大检查、加强群众对物价的监督等。

1988年9月，为扭转严峻的经济局面、安定民心，中共十三届三中全会作出了《关于治理经济环境整顿经济秩序全面深化改革的决定》，提出用一段时间治理经济环境、整顿经济秩序，扭转物价上涨幅度过大的态势，创造理顺价格的条件，更好地推进改革和建设。自此，国民经济进入治理整顿时期，采取紧缩措施。

正当中国建设和改革的重点落到治理经济环境和整顿经济秩序上来，促进宏观经济健康有序运行时，1989年春夏之交的北京"政治风波"影响了这一进程，中国的改革开放和国民经济治理整顿变得谨慎有余而创新不足。

1989年6月23日至24日，中共十三届四中全会产生以江泽民为核心的中央领导集体。11月召开的中共十三届五中全会作出了《中共中央关于进一步治理整顿和深化改革的决定》。全会决定，包括1989年在内，用三年或者更长一点的时间，基本完成治理整顿任务。根据中共中央的部署，国务院及相关部门相继出台了一系列治理整顿的措施，治理整顿取得显著成效。治理整顿实质上是一次大的经济调整，整个经济形势向好发展，为经济的长期持续、稳定、协调发展打下基础。

1990年1月，国务院召开全国经济体制改革工作会议，重点讨论了企业改革问题。会议就治理整顿深化企业改革提出七条措施：完善发展承包经营责任制；继续实行和完善厂长负责制；增强大中型企业的活力，充分发挥大中型企业的骨干作用；进一步发展企业集团；采取措施推进企业兼并；强化企业管理，向经营管理要效益；有计划地推进各项改革试点工作。2月17日，商业部发出《关于在治理整顿中深化企业改革强化企业管理的通知》，提出1990年商业、粮食企业、供销社在治理整顿中深化企业改革和强化企业管理的工作，1990年5月，国务院批转《一九九〇年经济特区工作会议纪要》并发出通知，要求经济特区在治理整顿和深化改革中求稳定、求提高、求发展，把外向型经济提高到新水平。10月，国务院批准建立中国第一家国家级规范化的粮食批发市场——郑州粮食批发市场。市场采用全新的交易形式，第一场交易就用拍卖方式成交粮油1.95万吨，为深化粮食流通体制改革作出了积极贡献，在当时的历史条件下，更具有稳定人心、昭显中国政府继续改革态度的特殊意义。1978年中国以计划管理的商品将近400种到1990年底已经逐渐减少为9种。到1991年，经济增长率回升到9.2%，治理整顿的任务基本完成。

在治理整顿和深化改革的推动下，到1990年底，"七五"计划完成。当年国民生产总值达到17400亿元，国民收入达到14300亿元，均超过计划规定的指标。从1980年到1988年，尤其是后5年，共创造工业总产值6万亿元，年增21.7%。全国绝大多数地区解决了温饱问题，开始向小康社会过渡。吃、穿、用、住、行各方面的工业品，如彩电、冰箱、洗衣机和钢材、水泥都有大幅度增长。农民盖了新房，乡镇企业异军突起，剩余劳动力大量向城镇转移，原先城市中人人羡慕的"四大件"（自行车、缝纫机、收音机、手表）飞进普通农户家庭。这是一个生动的、充满时代感的发展过程。十三大确定的经济发展"三步走"战略的第一步目标，已经提前实现。

1990年12月，中共十三届七中全会审议通过了《中共中央关于制定国民经济和社会发展十年规划和"八五"计划的建议》，提出了"八五"期间国民经济和社会发展的任务、重点和政策，制定了深化改革、扩大开放的战略措施。《建议》指出，"必须坚持国民经济持续、稳定、协调发展，始终把提高经济效益作为全部经济工作的中心"[①]。1991年5月，国务院同意并批转国家经济体制改革委员会《关于一九九一年经济体制改革要点》，指出1991年是"八五"计划的第一年，经济工作的中心任务是调整经济结构和提高经济效益，把改革与发展紧密结合起来，更多地向生产要素合理流动和结构调整要效益；改革的重点是搞活企业特别是全民所有制大中型企业；同时要积极稳妥地推进宏观、流通及其他方面的改革，并加强对改革工作的领导综合协调。

---

① 《十三大以来重要文献选编》（中），人民出版社1991年版，第1380页。

# 五、对外开放格局初步形成

1984年，世界经济形势与20世纪80年代初期相比有了明显的好转，各主要经济体经济复苏势头强劲，苏联和东欧国家经济也开始扭转停滞不前的趋势。1984年10月，中共十二届三中全会总结了十一届三中全会以来的经验，通过了《中共中央关于经济体制改革的决定》。关于对外经济开放，《决定》提出"今后必须继续放宽政策，按照既要调动各方面的积极性，又要实行统一对外的原则改革外贸体制，积极扩大对外经济技术交流和合作的规模，努力办好经济特区，进一步开放沿海港口城市。利用外资，吸引外商来我国举办合资经营企业、合作经营企业和独资企业，也是对我国社会主义经济必要的有益的补充。我们一定要充分利用国内和国外两种资源，开拓国内和国外两个市场，学会组织国内建设和发展对外经济关系两套本领。"①

这一时期对外开放的力度加大，外向经济格局逐步形成。继1984年

---

① 《十二大以来重要文献选编》（中），人民出版社1986年版，第581页。

开放上海、天津、大连、广州等沿海14个口岸城市后，1988年3月18日国务院发出《关于进一步扩大沿海经济开放区范围的通知》，决定适当扩大沿海经济开放区。新划入沿海经济开放区的有140个市、县，包括杭州、南京、沈阳等省会城市。4月13日，第七届全国人民代表大会第一次会议通过了国务院提出的关于设立海南省和建立海南经济特区的议案。5月4日，国务院发布《关于鼓励投资开发海南岛的规定》的通知，对海南经济特区实行更加灵活开放的经济政策，授予海南省人民政府更大的自主

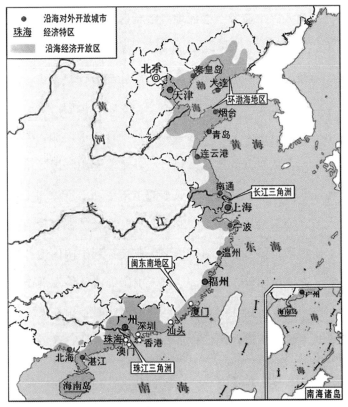

14个沿海开放城市示意图。

权，其中包括土地有偿使用、矿产资源有偿开采、经中国人民银行批准设立外资银行、中外合资银行等政策。进入20世纪90年代，中国对外经济开放开始由沿海向内地战略转移。1990年4月，中共中央和国务院决策开发上海浦东，1992年10月11日，国务院正式批复设立上海市浦东新区。中央政府给予浦东新区比经济特区更加特殊的优惠政策，除实行中国经济技术开发区和某些经济特区所实行的有关减免关税、所得税和进出口许可证等优惠政策外，还特许外商在浦东开办金融机构和百货商店、超级市场等第三产业，允许上海设立证券交易所，发行股票，以及扩大投资审批权和实行外资银行经营人民币业务。继深圳经济特区之后，上海浦东新区成为中国对外开放的又一标杆。1991年，满洲里、丹东、绥芬河、珲春4个北部口岸开放。国务院相继批准上海外高桥，深圳福田、沙头角，天津港等沿海重要港口设立保税区，发展保税仓储、保税加工和转口贸易。

新技术的发展方兴未艾，各国企业对外投资需求增加，国际分工的动力也不再仅限于自然要素的禀赋差异。境外企业利用与国际市场的联系、技术和管理经验进行投资，中国低成本的丰富劳动力资源和土地资源则作为要素进入国际分工格局。日本和亚洲四小龙的经济发展较为平稳，成为较大的资本输出国，把大量劳动密集型产业转移到中国内地，中国经济向开放型转变。进入国际分工格局，这对于中国经济整体发展是有益的，正如邓小平针对"三资"企业不是民族经济的说法时指出，发展经济，不开放是很难搞起来的。世界各国的经济发展都要搞开放，西方国家在资金和技术上就是互相融合、交流的。①"三来一补"的委托加工成为带动中国加入国际分工格局的主流方式，对外开放提高到了一个新水平，降低了对外贸易的行业集中度和地区集中度。

这一时期，中国工业的技术装备仍多是20世纪五六十年代的水平，亟须技术进步所需的物质基础、人才培养和智力资源。初步纳入国际分工体系对中国经济进一步调整产业结构、产品结构、企业组织结构有所帮助，对增加企业技术改造的投入，从严管理，千方百计提高产品质量有着示范效应。邓小平指出："从特区可以引进技术，获得知识，学到管理，管理也是知识。"②经济特区的开放将先进的管理知识和分工意识带入了中国大陆。同时，各地根据地区资源积极寻找大力发展外向型经济的着力点，如轻纺、机电、化工、医药等行业。中国的加工贸易主要是与香港和东南亚投资企业合作的轻加工制成品，如服装、纺织品、箱包、鞋类产品的出口。1986年，纺织服装出口首次超过石油出口，一批适销对路的服装、玩具、鞋类等成为广交会上的主打产品。1984年底，中国开始积极进行外贸体制改革，到1988年外贸承包经营责任制全面推行。各地各公司承包出口收汇和外汇上缴计划指标。轻工、工艺、服装进出口总公司进行了自负盈亏试点，品种完备的出口生产体系和与之相适应的对外贸易经营体系逐步建立。

中国出口贸易的地区集中性较高，主要集中在港澳地区、日本、美

① 《邓小平文选》第三卷，人民出版社1993年版，第367页。
② 《邓小平文选》第三卷，人民出版社1993年版，第52页。

国。据1990年统计，这三个市场占中国出口贸易总额的70%以上，其中港澳地区和日本将近一半。世界市场竞争激烈，美国、日本、欧共体各国以及新兴的工业国家和地区，争夺市场的斗争更为激烈；许多主要资本主义国家大搞贸易保护主义，竞相设置关税壁垒和各种名目的非关税壁垒，搞贸易战和货币战。在这种形势下，中国出口贸易市场格局过于集中，就会受到这些市场的严重制约。1989年美国商务部就对中国电风扇提起反倾销和反补贴诉讼。这种情况在1990年中国提出市场多元化战略后有所改观。1991年，国家规定实行全国统一的外汇留成办法，实行公开的、无歧视的统一政策，这都有效分散了国际市场过于集中的风险。

这一时期出口大量增加，进口也在不同方面有所增加。在进口商品的比重中，1985年以来，非食用进口原料在进口产品中的比重保持了一个比较平稳的态势，保持在8%左右。这部分进口原料有效填补了中国经济建设中某些稀缺的自然资源的不足，保证了国内生产所需原材料的供应，缓解了自然资源对中国经济发展形成的制约。在对外经济技术合作和对外贸易工作的统一管理和协调方面，注重把引进技术、装备推进技术改造与开发适销对路的新产品，特别是技术含量高的机电产品结合起来，促进了出口商品结构的调整和优化。

中国共产党和政府切实加强对利用外资工作的领导，制定了相关措施。中国对外商直接投资的开放，促进了跨国公司在中国投资兴办三资企业。外资引进与对外投资活动日益频繁，外资来源仍以港澳台及日本为主，欧美的直接投资开始增加。1984年上海市对外服务有限公司成立，外资企业在上海等地开始具有规模地招收中国员工。中国员工的加入为外资企业的本土化和中国学习国外先进技术管理经验准备了条件，也说明外商对中国投资环境稳定，对外经济开放可持续的判断。大量外资外企的涌入客观上需要更为有效的管理。1986年4月，六届全国人大四次会议通过《中华人民共和国外资企业法》，随后国务院又发布《关于鼓励外商投资的规定》，规定税收等相关优惠政策。这是中国首次在法律制度层面上对外资企业进行立法和行政管理。

1987年中共十三大把发展原材料工业增列为战略重点。由于利用外资和技术引进工作发展迅猛，有效缓解了开发和引进新技术的资金不足。在国家实施沿海地区发展外向型经济战略的背景下，对外贸易参与国际劳动分工和国际商品交换获得了较大的比较利益。在制定"八五"计划时，中国已经实现了以出口原料型初级产品为主向出口制成品为主的转变。工业制成品出口额已占到出口总额的70%以上。附加值高的机电产品、轻纺产品和高科技商品的出口也有所增加。中国初步进入国际分工格局的问题，主要是加工工业的高速增长还远不能满足庞大的国际市场需求。同时，农业、能源、交通和重要原材料等基础产业的发展尚不能满足国际分工发展的需要。特别是在发达国家革新传统工业和发展新产业等方面取得较大进展的背景下，中国进入国际分工的首要目标是资金和出口市场，中国承接的相当部分为高能耗、高投入的夕阳产业，这为以后的产业结构调整埋下了隐忧。生产方式多集中于加工、装配之类低附加值、低技术含量的环节，自主出口品牌薄弱，也成为以后贸易争端和贸易摩擦的诱因之一。

这一时期逐渐形成了初步开放的对外经济，从1984年到1988年，外贸进出口总额从535.5亿美元增加到1027.9亿美元；实际利用外资从27.05亿美元增加到102.26亿美元。这一时期的对外经济开放对中国经济的影响不仅仅体现在对经济总量增长的贡献率上，也为逐步建立起适应外向型经济发展的经济运行机制，及此后确立"经济特区—沿海开放城市—沿海经济开发区—内地"这一多层次有重点、点线面结合的全方位开放格局奠定了基础。

# 六、社会文化继续发展

## （一）开展精神文明建设

中共十二大后，在经济体制改革的同时，精神文明建设也得到全面推进。十一届三中全会后，生产力的发展引起了经济社会生活和人们工作精神状态的一系列变化。党中央多次提出建设社会主义精神文明的任务，指出：我们在建设高度物质文明的同时，一定要努力建设高度的社会主义精神文明。这是建设社会主义的一个战略方针。

1979年9月，叶剑英第一次明确提出社会主义精神文明这一概念。1980年12月，邓小平专门阐释了社会主义精神文明：我们要建设的社会主义国家，不但要有高度的物质文明，而且要有高度的精神文明。所谓精神文明，不但是指教育、科学、文化（这是完全必要的），而且是指共产主义的思想、理想、信念、道德、纪律，革命的立场和原则，人与人的同志式关系，等等。[①]在精神文明建设的实践上，"五讲四美三热爱"活动为

---

[①] 《邓小平文选》第二卷，第367页。

广大人民群众所接受，在全社会特别是青少年中迅速开展。"五讲"，即讲文明、讲礼貌、讲卫生、讲秩序、讲道德；"四美"，即语言美、心灵美、行为美、环境美；"三热爱"，即热爱祖国、热爱社会主义、热爱共产党，这大大丰富了精神文明建设的时代内涵。

中共十二大特别是十二届三中全会以后，改革开放全面展开，社会主义商品经济的发展使得精神文明建设的任务更加突出。邓小平一再告诫，一定要保持清醒头脑，在抓物质文明建设的同时，决不能忽视精神文明建设，要两个文明一起抓。1985年，邓小平又指出："当前的精神文明建设，首先要着眼于党风和社会风气的根本好转。"

为加强党对精神文明建设的领导，1986年9月，中共十二届六中全会通过了《中共中央关于社会主义精神文明建设指导方针的决议》，这是党制定的第一个关于精神文明建设的纲领性文件。决议进一步阐明了精神文明建设的根本任务和指导方针，指出精神文明建设应当推动社会主义现代化建设，促进全面改革和对外开放，有利于坚持四项基本原则。其任务是适应社会主义现代化建设的需要，培养有理想、有道德、有文化、有纪律的社会主义公民，提高整个中华民族的思想道德素质和科学文化素质。

### （二）科教体制改革

改革开放后，世界高技术蓬勃发展，1983年美国提出"战略防御倡议"，欧洲和日本也提出尤里卡计划、今后十年科学技术振兴政策等。随着城乡经济体制改革的全面展开，面对国际竞争日趋激烈的严峻挑战，科学技术体制和教育体制的改革也提上日程，被纳入改革开放和现代化建设的总体设计之中。从1985年开始，科技界改革开始从自发进行、探索试点的阶段进入到有领导的、全面展开的阶段。1985年3月，全国科学技术会议召开。会议对科技体制的改革问题进行了讨论，针对长期存在的科研与生产脱节、科技与经济脱节的问题，邓小平讲话指出：经济体制，科技体制，这两方面的改革都是为了解放生产力。新的经济体制，应该是有利于技术进步的体制，应该是有利于经济发展的体制。双管齐下，有可能得到比较好的解决。邓小平强调，一个公有制占主体，一个共同富裕，这是我们所必须坚持的社会主义的根本原则。会后，中共中央作出《关于科学技术体制改革的决定》，提出科学技术体制改革的根本目的，是使得科学技术成果迅速地、广泛地应用于生产，促进经济和社会的发展。改革的主要内容是：在运行机制方面要改革拨款制度，开拓技术市场，克服单纯依靠行政手段管理科学技术工作，国家包得过多，统得过死的弊病；在对国家重点项目实行计划管理的同时，动用经济杠杆和市场调节，使科学技术机构具有自我发展的能力和自觉为经济建设服务的活力。

按照《决定》的要求，科技体制改革围绕增强活力、促进科技与生产相结合的中心逐步展开。一是改革对科研机构的拨款制度，对技术开发的科研机构逐步削减事业费，推行合同制；对基础研究的科研机构实行基金制，国家按人员拨给一定额度的事业费。对从事社会公益性和农业科研型机构，国家拨给事业费，实行包干；对从事多种类型研究工作的机构，其经费来源视具体情况通过多种渠道解决。拨款制度改革后，从资金供应上改变了科研机构对行政主管部门的依附关系，促进了为经济建设服务的主动性，也扩大了全社会的科技投入，加速科技成果商品化的速度。二是开放技术市场。承认技术成果也是商品，建立依照价值规律有偿转让的机制，科技机构有了更大的自主权。研究机构同生产单位的联系转向经济利益，有利于研究成果及时应用于生产。三是改革科研机构的管理模式，使各方面的科学技术力量形成合理的纵深配置。国家对科研机构的管理由直接控制为主转变为间接管理；扩大研究机构的自主权，实行院所长负责制并引导科研机构创办科技企业；鼓励研究、教育、设计机构与生产单位的联合；强化企业的研究开发能力；支持和鼓励民营科技企业发展。四是在人事制度方面扭转对科学技术人员限制过多、人才不能合理流动、智力劳动得不到应有的尊重的局面，形成人才辈出，人尽其才的良好环境。

科技体制全面改革的启动激发了广大科技工作者的积极性。1986年3月，王大珩、王淦昌等科学家向党中央提出跟踪世界先进水平、发展高技术的建议（后称"863计划"）。邓小平等领导人迅速作出决策批示。11月，中共中央、国务院决定实施"863计划"，中国的科技事业得到极大推动。80年代中后期，出现了每秒亿次的"银河"计算机系统、高能加速器北京正负电子对撞机、重离子加速器、运载火箭发射卫星等一大批达到世界先进水平的高科技成果。科技体制改革达到了使科学技术成果迅速广泛应用于生产，使科学技术人员的作用得到充分发挥，解放科学技术生产力，促进科技和社会的发展的目的。

80年代以来，教育事业也在探索有中国特色社会主义的发展道路。1982年9月，中共十二大第一次把教育提高到现代化建设战略重点的地位。1983年10月，邓小平从改革开放和现代化建设对于教育的需要出发，具有远见地提出"教育要面向现代化，面向世界，面向未来"，"三个面

图为1988年7月，中国水稻专家袁隆平和科技同行在稻田研究杂交水稻。

向"成为中国教育发展的指导方向，体现了建设有中国特色社会主义对教育的客观要求。1985年5月，改革开放以来第一次全国教育工作会议召开，探讨把教育改革纳入改革开放和现代化建设的总体设计之中。邓小平在会上讲话，提出："我们国家国力的强弱，经济发展后劲的大小，越来越取决于劳动者的素质，取决于知识分子的数量和质量。一个十亿人口的大国，教育搞上去了，人才资源的巨大优势是任何国家比不了的。有了人才优势，再加上先进的社会主义制度，我们的目标就有把握达到。" 5月27日，中共中央发布《关于教育体制改革的决定》，指出教育体制改革的根本目的是提高民族素质，多出人才，出好人才。教育体制改革的主要内容是：改革教育管理体制，在加强宏观管理的同时，坚决实行简政放权，扩大学校的办学自主权；调整教育结构，相应地改革劳动人事制度；改革同社会主义现代化不相适应的教育思想、教育内容、教育方法。《决定》对基础教育的管理权限下放给地方，由各个地方政府管理，确定有步骤地实行九年义务教育制度，调整中等教育结构，大力发展职业技术教育，改革高等学校的招生计划和毕业分配制度，扩大高等学校办学自主权，加强领导，调动各方面积极因素，保证教育体制改革的顺利进行等问题，作了明确的原则规定。

经过改革，基础教育得到切实加强，职业技术教育得到广泛的发展，高等学校的潜力和活力得到充分的发挥，学校教育和学校外、学校后的教育并举，各级各类教育能够主动适应经济和社会发展的多方面需要。改革后，教育投入逐年增加，占国家财政支出的比重由1978年的6.79%上升到1986年的12.12%。1986年4月，五届全国人大四次会议颁布《义务教育法》，正式把普及义务教育的国家政策转变为法律条款，在中国历史上首次建立了九年义务教育制度。

地方和社会办教育的积极性得到激发，全国开始有计划地普及九年制义务教育，各种形式的教育都得到很大发展，成人教育向多功能、多规格发展，根据经济建设需要开设一些短线专业，适应现代化建设需要的各类人才不断涌现。农村教育方面，1988年，继"星火计划"和"丰收计划"之后，原国家教委在近10年农村教育改革试点基础上正式组织实施"燎原计划"，通过农业、科技和教育相结合的综合改革，促进农村普通教育、成人教育和职业教育的协调发展。

加强与国外的教育交流与合作，引进国外智力和派遣留学生也开始起步。80年代初期，邓小平时常亲自会见来华讲学的海外籍知名学者，听取他们的建议。1980年春天，邓小平在北京会见世界银行行长麦克纳马拉，1981年利用世界银行贷款的第一个项目就是教育项目。

### （三）文化生活的多彩

随着改革开放的推进，国门打开，人们衣食住行的质量进一步提高。服装、自行车、无线电设备等与生活息息相关的轻工业发展使生活更加多姿多彩，社会文化尺度也大幅度放开。在1984年10月1日中华人民共和国成立35周年国庆大典上，游行人群中突然打出了"小平您好"的横幅。一句最简单的问候映射出人们对于改革开放的拥护与支持。1984年，影片《街上流行红裙子》上映，成为继《庐山恋》之后又一部引领时尚的作品。影片第一次直接以时装为题材，记录了80年代开放初期人们思维方式的变化。牛仔装流行、西装重新流行，人们穿上了自己喜欢的衣服。1984年，中国女排在美国洛杉矶奥运会上实现"三连冠"，1988年第15届冬季奥林匹克运动会上，中国选手取得了一金二铜的好成绩。各式色彩鲜艳的运动装也成为流行服装。在"双百"文艺方针的鼓舞下，朦胧诗的出现恢复了个人情感话语在诗歌领域的地位。与改革开放的全面进展相联系，文学作品从"伤痕文学""知青文学"过渡到《乔厂长上任记》之类的"改革文学"，以历史纵深感反映现实中的社会问题。80年代后期，又出现了追寻传统文化的"寻根文学"，记述青年生存体验的"先锋文学"等。港台文化进入大陆市场，金庸的武侠小说、琼瑶的言情小说、三毛的游记散文等通俗读物拥有巨大的阅读量，港台明星也风靡一时。1987年9月，中国第一封电子邮件越过长城，走向世界，揭开了中国人使用Internet的序幕。

# 七、"一国两制"方针的形成

　　香港问题、澳门问题和台湾问题都是历史遗留下来的。解决这些问题，实现祖国统一，是包括港澳台同胞、海外侨胞和大陆全体同胞在内的整个中华民族的强烈愿望，需要一套切实可行的方案。进入改革开放的新时期后，邓小平从维护祖国和中华民族根本利益出发，创造性地提出了"一国两制"的伟大构想，"一国两制"即是在中华人民共和国境内，大陆实行社会主义制度，台湾、香港和澳门实行资本主义制度。

　　"一国两制"的构想最早是为解决台湾问题提出的。1979年元旦，在中美两国正式建交的同时，全国人大常委会发表了《告台湾同胞书》，提出通过两岸商谈结束军事对峙状态、开放"三通"（通邮、通航、通商）、扩大交流，为两岸的共同繁荣携手奋斗的美好愿景。《告台湾同胞书》的发表标志着争取祖国和平统一方针的确立，是中央对台政策的重大发展。1981年9月，叶剑英向新华社记者发表谈话，全面阐述了台湾回归祖国、实现和平统一的九条方针政策，指出国家实现统一后，台湾可以作为特别行政区，享有高度的自治权，并可保留军队。台湾现行的社会、经济制度不变，生活方式不变，同外国的经济、文化关系不变，私人财产、房屋、土地、企业所有权、合法继承权和外国投资不受侵犯。九条方针实际形成了"一个国家、两种制度"的基本构架。1982年1月，邓小平首次提出"一个国家、两种制度"的概念，认为九条方针实际上就是"一个国家、两种制度"的概念。1982年，"一国两制"的构想正式载入宪法，规定："国家在必要时得设立特别行政区。在特别行政区内实行的制度按照具体情况由全国人民代表大会以法律规定。"

1983年6月25日，邓小平进一步阐述了按照"一国两制"解决台湾问题的六条方针。主要内容包括：祖国统一后，台湾特别行政区可以实行同大陆不同的制度，可以有其他省、市、自治区所没有而为自己所独有的某些权力。司法独立，终审权不须到北京。台湾还可以有自己的军队，只是不能构成对大陆的威胁。大陆不派人驻台，不仅军队不去，行政人员也不去。台湾的党、政、军等系统都由台湾自己来管。中央政府还要给台湾留出名额。这六点重要谈话完备了"一国两制"方针的内容，使其更加系统化、具体化。"一国两制"方针提出后，得到海内外中国人的热烈拥护，也受到国际社会的普遍好评。

"一国两制"的构想首先被成功运用于解决香港、澳门问题。1981年8月26日，邓小平在北京会见港台知名人士傅朝枢时，首次公开提出解决台湾、香港问题的"一国两制"构想，显示出中国领导人坚定不移地维护国家主权、民族尊严和独立自主的国家形象。1982年9月，人称"铁娘子"的英国首相撒切尔夫人到访中国，正式开始中英关于香港问题的谈判。在同邓小平会谈时，撒切尔夫人提出，历史上关于香港问题的条约按国际法依然有效，1997年后英国要继续管理香港。邓小平掷地有声地指

1982年9月24日，邓小平会见来访的英国首相撒切尔夫人，阐明了中国政府对香港问题的立场。

出："主权问题不是一个可以讨论的问题"，1997年中国一定收回香港。不仅是新界，而且包括香港岛、九龙。在邓小平和撒切尔夫人会面后，中英确定了解决香港问题的前提条件和基调，中国掌握了收回香港的主动权。

经过两年多的谈判，1984年12月19日，中英两国政府签署了《关于香港问题的联合声明》，决定从1997年7月1日起，中国在香港成立特别行政区，开始对香港岛、界限街以南的九龙半岛、新界等土地重新行使主权和治权。1985年5月，中英两国政府在北京互换批准书，中英《关于香港问题的联合声明》正式生效，香港进入正式回归祖国之前的过渡期。1990年4月4日，第七届全国人民代表大会第三次会议通过《中华人民共和国香港特别行政区基本法》以及香港特别行政区区旗、区徽图案。香港基本法阐明落实"一国两制"的基本方针政策，这在实践上初步实施了"一国两制"的构想。

　　香港回归的进程启动后，澳门的回归也提上议事日程。早在1979年中葡建立大使级外交关系时，曾就澳门问题达成谅解备忘录。1984年9月，中英两国政府就香港问题达成协议后，邓小平提出，澳门问题也必须像香港问题一样解决，而且必须在20世纪内彻底解决。1987年4月，中葡签署《关于澳门问题联合声明》，宣布中国政府将于1999年12月20日恢复对澳门行使主权。1988年1月，两国政府交换了联合声明批准书，澳门也正式进入回归祖国前的过渡期。

　　"一国两制"构想既体现了坚持祖国统一，维护国家主权的原则，又创造性地发展了马克思主义的国家学说，为实现祖国统一指明了前景，为解决国际争端和历史遗留问题提供了新的思路，赢得海内外人士的好评。

# 八、外交战略的调整

## （一）外交战略的调整

中共十一届三中全会后，党和国家工作重点转移到社会主义现代化建设上来，改革开放渐次展开。中国外交工作的指导思想随之发生了深刻变化，外交政策和方针作了重大调整，改变主要针对苏联霸权主义威胁而采取的"一条线"战略，坚持独立自主的和平外交政策，放弃以往大规模战争不可避免的观点，对国际形势重新作出判断。这为改革开放和现代化建设争取了有利的国际和平环境。

进入20世纪80年代中期，国际形势的主流趋向缓和与合作，经济因素在国际关系中的地位和作用上升。根据新变化，中国作出"和平与发展是当代世界的两大问题"的判断。1985年6月4日，邓小平阐释了中国外交方针的两大重要转变。第一个转变，是对战争与和平问题的认识，认为世界战争的危险还是存在，但是世界和平力量的增长超过战争力量的增长，在较长时间内不发生大规模的世界战争是有可能的，维护世界和平是有希望的。第二个转变，是我们的对外政策。改变过去针对苏联霸权主义威胁的

"一条线"战略，奉行独立自主的外交路线和外交政策，高举反对霸权主义、维护世界和平的旗帜，坚定地站在和平力量一边。中国不打美国牌，也不打苏联牌，中国也不允许别人打中国牌。根据对国际形势的分析和判断，1985年6月，中国政府宣布裁减军队员额100万，中国政府以实际行动为维护世界和平作出了重要贡献。1986年3月，中国外交政策第一次被概括为"独立自主的和平外交政策"，并分10个方面阐述了这一政策的主要内容和基本原则。①中国基本完成外交方针的调整，中国的对外关系格局向全方位发展。

通过外交政策的调整，中国发展了与世界各国的友好合作关系，一心一意地进行改革开放和现代化建设。继1979年中美建交、1982年8月17日中美就分步骤解决美国对台售武问题发表《八一七公报》后，中美关系进入一个较为平稳发展的阶段。中美政治磋商加强，经济、科技、文化等领域的交流持续蓬勃发展。1989年5月，邓小平会见来访的苏共中央总书记戈尔巴乔夫，宣布中苏两国关系实现正常化。中国与周边国家的关系有了明显改善。中国的国际影响进一步扩大，在国际事务中处于更加主动的地位，初步形成有利于改革开放的国际环境。

### （二）应对"北京政治风波"和坚持改革开放

1989年春夏之交，北京和其他一些城市发生了政治风波。6月4日，

---

① 1986年4月14日《人民日报》。

中国政府为了维护社会稳定，对国内政治风波采取了果断措施。这是中国的内政，却引致了以美国为首的西方国家的"制裁"。美国政府和国会发表声明，歪曲事实，以"人权问题"为借口，宣布暂停同中国一切高层互访、中止海外私人投资公司对在中国经营实业的公司的帮助、反对世界银行和亚洲发展银行新的10亿美元对华贷款事宜等。接着，西方七国首脑和欧共体会议也发表政治宣言，宣布对中国进行"制裁"。中国同以美国为首的西方发达国家的关系出现严重倒退，外交和对外开放遇到了改革开放以来前所未有的困难和压力。

面对西方国家的"制裁"压力，中国立住阵脚，泰然处之，坚持维护国家主权和民族尊严的立场，坚持对外开放的方向。邓小平认为，不能因为有西方国家的压力，中国就不坚持社会主义，也不能因为西方国家另有企图，中国就不搞改革开放。对于西方国家，"不管怎么样，我们还是友好往来。朋友还要交，但心中要有数"[1]。1990年5月，国务院批转《一九九〇年经济特区工作会议纪要》并发出通知，要求经济特区在治理整顿和深化改革中求稳定、求提高、求发展，把外向型经济提高到新水平。1990年12月9日，国务院作出《关于进一步改革和完善对外贸易体制若干问题的决定》，决定1991年开始，在已调整人民币汇率的基础上，建立外贸企业自负盈亏的机制，使外贸逐步走上统一政策、平等竞争、自主经营、自负盈亏、工贸结合、推行代理制的轨道。1990年，中国开始实施"市场多元化"战略，有效分散了出口市场集中在美国、日本、欧洲等地

---

[1] 《邓小平文选》第三卷，第321页。

的外贸风险，逐步建立出口市场合理化、多元化的实现路径。1991年，中国外贸实现顺差，外商直接投资达119.77亿美元，比1989年增长一倍多。

### （三）应对苏东变局

当中国政局渐趋稳定之时，国际形势发生了重大变化。20世纪80年代末到90年代初，从波兰到民主德国、捷克斯洛伐克、匈牙利、保加利亚、罗马尼亚，东欧社会主义国家的政治经济制度发生根本性的改变。1990年11月，被视为冷战标志和东西方分界线的"柏林墙"被推倒。1991年7月1日，华沙条约组织宣布正式解散。苏联局势也出现剧烈动荡。1991年底，戈尔巴乔夫宣布辞职，建议苏共中央委员会自行解散，苏联解体。1990年到1991年发生的苏东剧变使国际形势急剧变化。雅尔塔体系完全崩解，苏美对峙的冷战格局走向终结。同时，苏东各国均产生了经济不稳、政府频繁更迭的现象，世界政治格局呈现出向多极化发展趋势。

面对错综复杂的国际形势，邓小平反复强调要保持稳定和坚持改革开放，及时提出冷静观察、稳住阵脚、沉着应付、韬光养晦、善于守拙、决不当头、有所作为等对外关系指导方针。邓小平表示中国要沿着自己选择的社会主义道路走到底。谁也压不垮，"只要中国不垮，世界上就有五分之一的人口在坚持社会主义。我们对社会主义的前途充满信心"①。

为扭转局面，争取主动，中共中央为中国20世纪90年代的外交工作确

---

① 《邓小平文选》第三卷，第321页。

定了两个重点，一是开展睦邻外交，稳定和积极发展同周边国家的关系，加强同第三世界国家的团结与合作；二是打破西方国家的制裁，恢复和稳定同西方发达国家的关系。俄罗斯是中国最大的邻邦，1991年底苏联解体后，中俄随即建交，实现了从中苏关系到中俄关系平稳过渡。1992年，中俄宣布互为友好国家，两国关系从此进入相互尊重，睦邻友好的新阶段。在国内局势基本恢复稳定后，党和国家领导人走出国门，积极开展外交活动。从1990年至1992年，睦邻外交取得了丰硕成果。中国同印尼恢复了外交关系，同越南实现了关系正常化，同印度改善了关系。此外还与沙特、新加坡、文莱、以色列、韩国以及苏联解体后取得独立的各国等共23个国家建立了外交关系。至1992年8月底，与中国建交的国家已达154个。中国不仅全面改善和发展同所有周边国家关系，而且同世界其他地区一些重要国家的关系取得突破，同第三世界国家的关系也有进一步发展。

从1990年起，一些西方国家开始谋求改善同中国的关系。1990年7月，日本在西方七国首脑会议上率先宣布取消对华制裁，恢复对华贷款。西欧国家也陆续恢复对华政府贷款和经济科技交流合作。1990年10月，欧洲共同体外长会议决定取消对华"制裁"。中国还利用亚运会在北京召开的契机，打破制裁，推动改革开放。1990年9月22日至10月7日，第11届亚洲运动会在北京举行。这是中国举办的第一次综合性的国际体育大赛，来自亚奥理事会成员的37个国家和地区的6578名运动员参加了这届盛会。

中美关系也逐步得到改善。美国带头"制裁"中国使两国关系陷于严重困难，克林顿入主白宫后，将人权问题与"对华最惠国待遇"挂钩，中美关系处于低谷。1993年11月，首次亚太经合组织领导人非正式会议在美国西雅图召开。中美两国最高领导人会晤，这是自1989年夏季以来的首次。会晤达成把一个健康、稳定的中美关系带入21世纪的共识。从此，中美两国关系走向恢复和发展。

在西方国家"制裁"的压力下，在国际形势的风云变幻中，中国经受住了严峻的考验，赢得了深化改革、扩大开放的更有利环境。1992年，中国已经与200多个国家和地区发展了贸易、科技等多方面合作。

# 小 结

　　1982年中共十二大召开到1992年初邓小平"南方谈话"前的这10年，是中国在改革开放中曲折前进的10年。在农村改革取得突破后，经济改革重点转向城市，经济领域确定了有计划市场经济的目标。从1982年至1986年，中国连续五年发布"三农"主题的一号文件，农村改革走向深化，乡镇企业"异军突起"；但是城市经济改革则因为涉及的不仅是企业，关键是涉及财政、金融、宏观经济管理等，远比农村改革复杂，因此也就引发了1988年以后的三年经济环境治理整顿。这个时期，改革开放从经济领域深入到更为广泛的其他各个领域。中国调整了外交政策，在国内国际政治环境面前保持了定力，岿然屹立。祖国统一大业也迈出了重大步伐，这都为进一步的改革开放创造了条件。

# 第三章
## 改革开放走向深入和实现跨世纪发展
### （1992—2002）

　　1992 年春天，邓小平视察深圳、上海等地期间发表了一系列振聋发聩的讲话，提出计划与市场都是手段和"三个有利于"的著名论断，为改革开放和发展指明了方向。随后召开的中共十四大明确了建立社会主义市场经济体制的改革目标，中国的改革开放进入快车道，尤其是国有企业改革取得突破性进展。邓小平的南方谈话和中共十四大对中国 20 世纪 90 年代的改革开放和经济社会发展起到了关键的推动作用。中国紧紧抓住经济全球化机遇，把扩大内需与充分利用国际市场相结合，经济发展加速并成功应对了亚洲金融危机，提前实现了 80 年代提出的国民经济"翻两番"的"小康社会"目标。同时，在"一国两制"方针指引下，香港、澳门顺利回归，中国的统一大业迈出重要一步。

# 一、社会主义市场机制概念的提出与规划

## （一）邓小平的南方谈话及其影响

中国的改革开放和现代化建设面临的形势复杂严峻。"北京政治风波"后，有的人提出改革开放究竟是姓"社"还是姓"资"的问题，担心搞市场经济会导致资本主义。苏东剧变后，西方舆论大肆宣扬"共产主义大溃败"，又令有的人对社会主义的前途缺乏信心，对中国改革开放产生困惑。这些争论实际上都涉及要不要坚持"一个中心、两个基本点"基本路线，中国走什么道路的问题。

在这关键时刻，邓小平作为中国改革开放的总设计师，再次引导了改革开放和发展的正确方向。1992年1月18日至2月21日，88岁高龄的邓小平先后到湖北武昌，广东深圳、珠海、顺德，江西鹰潭，上海等地视察，途经几千公里，发表了一系列重要讲话。邓小平一边调研视察，一边发表了一系列震惊中外的新观点。他作出"计划和市场都是经济手段"的论断，明确回答了改革开放以来困扰和束缚人们思想的许多重大理论和认识问题。在南方谈话中，邓小平明确指出："计划和市场不是社会主义和资本

主义的本质区别”，计划经济不等于社会主义，资本主义也有计划；市场经济不等于资本主义，社会主义也有市场。计划和市场都是经济手段。

邓小平从什么是社会主义、怎样建设社会主义的根本性问题出发，鲜明地阐述了社会主义的本质问题，指出社会主义的本质，是解放生产力，发展生产力，消灭剥削，消除两极分化，最终达到共同富裕。针对一段时间以来在姓"社"还是姓"资"的问题上的争论，邓小平明确提出：改革开放的判断标准主要看是否有利于发展社会主义社会的生产力，是否有利于增强社会主义国家的综合国力，是否有利于提高人民的生活水平。"三个有利于"成为20世纪90年代后中国社会主义市场经济发展的价值取向。

邓小平指出，革命是解放生产力，改革也是解放生产力。过去只讲在社会主义条件下发展生产力，没有讲还要通过改革解放生产力，不完全。应该把解放生产力和发展生产力两个讲全了。邓小平强调，要坚持中共十一届三中全会以来的路线、方针、政策，关键是坚持"一个中心、两个基本点"。"不坚持社会主义，不改革开放，不发展经济，不改善人民生活，只能是死路一条。基本路线要管一百年，动摇不得。只有坚持这条路线，人民才会相信你，拥护你。"[①]

邓小平反复强调：要抓住机会，发展自己，关键是发展经济。现在，周边一些国家和地区经济发展比我们快，如果我们不发展或发展得太慢，老百姓一比较就有问题了。所以，能发展就不要阻挡，有条件的地方要尽可能搞快点，只要是讲效益，讲质量，搞外向型经济，就没有什么可以担

---

① 《邓小平文选》第三卷，人民出版社1993年版，第370—371页。

心的。重要的是我们一定要抓住机会。中国的经济发展，总要力争隔几年上一个台阶。发展才是硬道理。发展经济不但要抓住机遇，而且还要依靠科技和教育。要提倡科学，靠科学才有希望。

邓小平强调必须注重大胆吸收和借鉴国外先进经验，要坚定不移地对外开放。邓小平提出，和平与发展是当今世界的两大主题，应当抓住难得的机遇对外开放，利用有利的国际条件集中精力搞建设。他主张通过对外开放来冲击传统的旧体制与旧观念，以促进改革和发展。

邓小平南方谈话具有很强的针对性、现实性，关于中国特色社会主义市场经济的论述是对中共十一届三中全会以来实践的深刻总结，闪烁着马克思主义理论与时俱进、与中国国情相结合的创造性光辉，是把改革开放和现代化建设推进到新阶段的又一个解放思想、实事求是的宣言书。

南方谈话在中国共产党内外、国内外引起强烈反响。自南方谈话后，中国真正进入了一个改革开放的新时期。1992年2月28日，中共中央迅速将邓小平南方谈话作为中央1992年2号文件，正式向全党下发和传达。5月16日，中央政治局通过《关于加快改革，扩大开放，力争经济更好更快地上一个新台阶的意见》，就贯彻落实邓小平南方谈话的精神作出进一步部署。从中央到地方，形成了学习、宣传、贯彻和落实邓小平南方谈话的高潮。一系列改革开放的重大举措相继出台：黑龙江省的黑河、绥芬河和吉林省的珲春、内蒙古的满洲里被批准为边境地区的新开放城市；批准海南省吸收外商投资开发建设洋浦经济开发区，将洋浦30平方公里土地有偿出让给外商开发经营；开放长江沿岸芜湖、九江、岳阳、武汉、重庆；通过《全民所有制工业企业转换经营机制条例》，要求企业适应市场的需要，成为依法自主经营、自负盈亏、自我发展、自我约束的商品生产和经营单位，成为独立享有民事权利和承担民事义务的企业法人。

### （二）建立社会主义市场经济体制目标模式

邓小平南方谈话为社会主义市场经济的建立提供了思想先导，中国社会主义市场经济如何建立？没有现存的答案。邓小平因此形象地将中国的改革开放称之为"摸着石头过河"。1992年10月，中共第十四次全国代表大会召开。江泽民作题为《加快改革开放和现代化建设步伐，夺取有中国特色社会主义事业的更大胜利》的报告。报告主要内容为以下几个方面。

一是确立邓小平建设有中国特色社会主义理论在全党的指导地位。这是中共十四大最重要的贡献。江泽民在报告中首先回顾了改革开放14年来的实践，从发展道路、发展阶段、根本任务、发展动力、外部条件、政治保证、战略步骤、领导和依靠力量、实现祖国统一九个方面，概括了建设有中国特色社会主义理论的主要内容。报告概括了建设有中国特色社会主义理论的主要内容，并将这一理论及以此为基础的党在社会主义初级阶段的基本路线写进了党章，确立了邓小平建设有中国特色社会主义理论在全党的指导地位。

二是明确中国经济体制改革的目标是建立社会主义市场经济体制。报告指出，中国经济体制改革确定什么样的目标模式，是关系整个社会主义现代化建设全局的一个重大问题。这个问题的核心，是正确认识和处理计划与市场的关系。在党的历史上第一次明确提出了建立社会主义市场经济体制的目标模式，把社会主义基本制度和市场经济结合起来，建立社会主义市场经济体制，以利于进一步解放和发展生产力，这是中国共产党的一个伟大创举。

三是提出了抓住机遇加快发展的决策和战略部署，要求集中精力把经济建设搞上去。报告指出，我国经济能不能加快发展，不仅是重大的经济问题，而且是重大的政治问题。大会认为国内条件具备，国际环境有利，既有挑战，更有机遇，是加快发展、深化改革，促进社会全面进步的好时机，要紧紧抓住这个有利时机。因此，十四大对经济发展速度作了大幅度的调整，决定将90年代中国经济的发展速度从原定平均每年增长6%调整为8%至9%。到20世纪末，我国国民经济整体素质和综合国力将迈上一个

随着社会主义市场经济的发展，曾经与人们生活息息相关的各种票证，开始退出流通，走入历史。

新台阶，国民生产总值将超过原定比1980年翻两番的目标，人民生活由温饱进入小康。会议还提出了必须努力实现的关系全局的10个方面主要任务。

大会同意中央顾问委员会提出的不再设立中央顾问委员会的建议，通过了关于《中国共产党章程（修正案）》的决议，选举了新一届中央委员会和中央纪律检查委员会。

邓小平南方谈话和中共十四大共同成为中国社会主义改革开放和现代化建设事业进入新阶段的标志。从1978年的"计划经济"到"商品经济"，再到中共十四大"社会主义市场经济"概念的确立，中国走过了14年的时间。中共十四大后，中共中央和国务院围绕建立社会主义市场经济体制的决策作出部署，中国的改革开放取得了一系列突破性的进展。1993年3月，中共十四届二中全会审议通过《关于调整"八五"计划若干指标的建议》。1993年11月，中共十四届三中全会召开。会议审议通过了《中共中央关于建立社会主义市场经济体制若干问题的决定》，把中共十四大确定的经济体制改革的目标和基本原则加以系统化、具体化，涉及"转换国有企业经营机制，建立现代企业制度""培育和发展市场体系""转变政府职能，建立健全宏观经济调控体系""建立合理的个人收入分配和社会保障制度""深化农村经济体制改革""深化对外经济体制改革，进一步扩大对外开放""进一步改革科技体制和教育体制""加强法律制度建设""加强和改善党的领导"等重大问题。

《中共中央关于建立社会主义市场经济体制若干问题的决定》是中国建立社会主义市场经济体制的总体规划。《决定》指出：社会主义市场经济体制是同社会主义基本制度结合在一起的。建立社会主义市场经济体制，就是要使市场在国家宏观调控下对资源配置起基础性作用。为实现这个目标，必须坚持以公有制为主体、多种经济成分共同发展的方针，进一步转换国有企业经营机制，建立适应市场经济要求，产权清晰、权责明确、政企分开、管理科学的现代企业制度；建立全国统一开放的市场体系，实现城乡市场紧密结合，国内市场与国际市场相互衔接，促进资源的优化配置；转变政府管理经济的职能，建立以间接手段为主的完善的宏观调控体系，保证国民经济的健康运行；正式使用"效率优先、兼顾公平"的提法，建立以按劳分配为主体，效率优先、兼顾公平的收入分配制度，鼓励一部分地区一部分人先富起来，走共同富裕的道路；建立多层次的社会保障制度，为城乡居民提供同我国国情相适应的社会保障，促进经济发展和社会稳定。这些主要环节是相互联系和相互制约的有机整体，构成社会主义市场经济体制的基本框架。必须围绕这些主要环节，建立相应的法律体系，采取切实措施，积极而有步骤地全面推进改革，促进社会生产力的发展。

# 二、跨世纪发展方略和"三个代表"重要思想的提出

## （一）跨世纪发展方略的提出

经过20世纪90年代初期抓住机遇加快发展，中国的改革开放和现代化经历了建立社会主义市场经济的变革，社会生产力、综合国力和民生水平都取得了长足的进步。

1997年9月12日至18日，中共第十五次全国代表大会召开。此前，2月19日，中国社会主义改革开放和现代化建设的总设计师、建设有中国特色社会主义理论的创立者邓小平逝世。在世纪之交的关键时刻，中国将举什么旗？走什么发展道路？这些中国发展最关键的问题使中共十五大引起了全世界的格外关注。以江泽民为核心的党中央作出了明确的回答：继承邓小平的遗志，高举邓小平理论伟大旗帜，坚定不移地沿着邓小平开辟的建设有中国特色社会主义道路继续前进。

江泽民作了《高举邓小平理论伟大旗帜，把建设有中国特色社会主义事业全面推向21世纪》的报告。报告中首次使用了"邓小平理论"的科学称谓，指出十五大主题是高举邓小平理论伟大旗帜，把建设有中国特色社

会主义事业全面推向21世纪。旗帜问题至关重要，旗帜就是方向，旗帜就是形象。坚持中共十一届三中全会以来的路线不动摇，就是高举邓小平理论的旗帜不动摇。

十五大指出邓小平理论是马列主义与中国实际相结合的第二次飞跃，是马克思主义在中国发展的新阶段，是指导中国人民在改革开放中胜利实现社会主义现代化的正确理论。在当代中国，只有把马克思主义同当代中国实践和时代特征结合起来的邓小平理论，而没有别的理论能够解决社会主义的前途和命运问题。报告系统论述了党在社会主义初级阶段的基本路线和基本纲领，明确规定：建设有中国特色社会主义的经济，就是在社会主义条件下发展市场经济，不断解放和发展生产力；建设有中国特色社会主义的政治，就是在中国共产党领导下，在人民当家做主的基础上，依法治国，发展社会主义民主政治；建设有中国特色社会主义的文化，就是以马克思主义为指导，以培育有理想、有道德、有文化、有纪律的公民为目标，发展面向现代化、面向世界、面向未来的，民族的科学的大众的社会主义文化。这个纲领，是邓小平理论的重要内容，是党的基本路线在经济、政治、文化等方面的展开，是这些年来最主要经验的总结。

十五大作出跨世纪战略部署，指出目标是：第一个十年实现国民生产总值比2000年翻一番，使人民的小康生活更加宽裕，形成比较完备的社会主义市场经济体制；再经过十年的努力，到建党一百年时，使国民经济更加发展，各项制度更加完善；到建国一百周年时，使国民经济更快发展，基本实现现代化，建成富强民主文明的社会主义国家。这一构想使邓小平关于现代化建设三步走的战略设想进一步具体化。

中共十五大承前启后、继往开来，高举邓小平理论旗帜，明确回答了中国的改革开放和现代化建设继续向前发展的一系列重大理论和实践问题，规划了跨世纪发展的战略部署，从思想上、政治上、组织上为中国改革开放的长期发展提供了根本保证。

**（二）"三个代表"重要思想的提出**

随着改革开放的深入和社会主义市场经济的发展，中国的社会生活发生了广泛而深刻的变化。社会经济成分、组织形式、利益分配等发生了急剧变化，人民内部矛盾日趋复杂化和多样化。在此背景下，以江泽民为核心的中共中央在深入总结中国共产党历史经验的基础上，积极探索加强党的干部队伍建设的有效途径。1995年11月，江泽民在北京视察工作时提出：根据当前干部队伍的状况和存在的问题，在对干部进行教育当中，要强调讲学习、讲政治、讲正气。1996年，中共十四届六中全会决定对县处级以上领导干部进行一次以讲学习、讲政治、讲正气为主要内容的党性党风教育。1998年11月，"三讲"教育活动的指导性意见《关于在县级以上党政领导班子、领导干部中深入开展以"讲学习、讲政治、讲正气"为主要内容的党性党风教育的意见》发出。从1998年到2000年底，共有70万领导干部自上而下，分期分批地参加了"三讲"教育，达到了预期的效果，对改革开放和社会主义现代化建设事业起了巨大的推动作用。

在"三讲"教育过程中，江泽民对在实行改革开放和发展社会主义市场经济条件下，建设一个什么样的党和怎样建设党的现实问题进行了深入思考，在深刻总结世界社会主义运动和中国共产党成立以来历史经验的基础上，提出了"三个代表"重要思想。

2000年2月，江泽民在广东考察工作时，第一次完整地提出"三个代表"重要思想：我们党所以赢得人民的拥护，是因为我们党在革命、建设、改革的各个历史时期，总是代表着中国先进生产力的发展要求，代表着中国先进文化的前进方向，代表着中国最广大人民的根本利益。2001年7月1日，江泽民在庆祝中国共产党成立80周年大会上发表讲话，创造性地全面阐述了"三个代表"重要思想的科学内涵，深刻回答了在新的历史条件下加强和改进党的建设的重大理论和实践问题。

江泽民指出，"三个代表"重要思想的科学内涵和基本要求是：党的理论、路线、纲领、方针、政策和各项工作，必须努力符合生产力发展的规律，体现不断推动社会生产力解放和发展的要求，尤其要体现推动先进生产力发展的要求，通过发展生产力不断提高人民群众的生活水平；必须努力体现发展面向现代化、面向世界、面向未来的，民族的科学的大众的社会主义文化的要求，促进全民族思想道德素质和科学文化素质的不断提高，为中国经济发展和社会进步提供精神动力和智力支持；必须坚持把人民的根本利益作为出发点和归宿，充分发挥人民群众的积极性主动性创造性，在社会不断发展进步的基础上，使人民群众不断获得切实的经济、政治、文化利益。

这些要求中最引人注目的内容，是根据改革开放以来中国社会阶层构成发生的变化，对如何坚持党的性质和保持党的先进性所作的新阐述。"我们党要始终成为中国工人阶级先锋队，同时成为中国人民和中华民族的先锋队"，这一论断是对中国共产党性质所作的新的科学概括。江泽民指出，来自工人、农民、知识分子、军人、干部的党员是党的队伍最基本的组成部分和骨干力量，同时也应该把承认党的纲领和章程，自觉为党的纲领和路线而奋斗、经过长期考验、符合党员条件的社会其他方面的优秀分子吸收到党内来，从而不断增强党在全社会的影响力和凝聚力。这些阐述，体现了时代发展对中国共产党建设的新要求，发展了马克思主义党的建设理论。"三个代表"重要思想在党内外引起强烈反响。全国上下很快形成学习和实践"三个代表"重要思想的热潮。全党积极贯彻实践"三个代表"重要思想，党的作风和党群关系、干群关系有了明显改善，中国经济社会快速发展。"三个代表"重要思想的提出，为随后召开的中共十六大作了充分的思想和理论准备，把中国特色社会主义事业成功地推向21世纪。

# 三、全面深化改革和应对亚洲金融危机

　　建立社会主义市场经济体制的改革目标和规划确立后，经济体制改革开始向着建立社会主义市场经济体制的目标"整体推进、重点突破"。从1994年开始，中国政府对财税体制、金融体制、外汇管理体制、企业体制和社会保障体系等采取了一系列重大的改革措施。由此，中国的改革进入了一个整体推进的新阶段。通过有效的治理整顿，从1992年开始的经济过热趋势和金融运行中的混乱状况到1993年10月后得到遏制，宏观经济环境明显改善，到1996年底通货膨胀率大幅度回落到5％，同时避免了经济出现大的滑坡，中国国民经济顺利实现"软着陆"。

　　在调整"八五"计划的基础上，中国制定了国民经济和社会发展"九五"计划和2010年远景目标。中共十五届三中全会强调，以公有制为主体、多种所有制经济共同发展的基本经济制度，以家庭承包经营为基础、统分结合的经营制度，以劳动所得为主和按生产要素分配相结合的分配制度必须长期坚持。在各项改革的推动下，中国经济呈现出加快发展的强劲势头。

### （一）对经济过热实施宏观调控

邓小平南方谈话推动了新的改革热潮，促进了经济的上升势头。新一轮的经济周期开始启动，扭转了自1989年以来低速徘徊的局面。各地掀起了开发区热、房地产热、债券热、股票热、期货热等，加上扩张性的财政政策，1992年下半年到1993年上半年，中国国民经济出现了较为严重的投资和消费双膨胀。1992年，全年国内生产总值增长14.2%，固定资产投资比上年增长44.4%，物价上涨幅度达到两位数水平。

从1993年起，中央通过改革破解前进中遇到的困难和挑战，1993年6月，中国政府宣布了稳定金融、财政和投资的"十六点计划"，采取一系列应急措施来实现宏观经济的稳定，保证持续增长的势头。从1993年7月起，政府采取适度从紧的财政货币政策，宏观调控得到加强。包括：严格控制资金的流动，基建项目要经中央政府主管部门审批；提高利率，实行保值储蓄；不仅控制资金的供给总量，而且控制资金的流动，严禁资金流向房地产，实行由中央直接将资金贷给重点企业和重点工程。"十六点计划"以货币政策为主，涉及整顿金融秩序和加强金融管理，在贯彻实施中注重保持政策的连续性和稳定性。"十六点计划"取得了很好的效果，但是，从根本上解决经济运行中的深层次矛盾和问题，遏制经济过热，必须依靠深化宏观管理体制改革。经过改革，从1995年起价格逐年回落，经济增长速度也逐步下降，1997年国内生产总值的增长率由1993年的13.5%降到8.8%，既有效地控制了通货膨胀，又保持经济的快速增长，中国经济成功实现了"软着陆"。

### （二）农村改革及其成效

农村改革适应社会主义市场经济的形势继续推进。由于社会主义市场经济改革的步伐加快，中国农业基础和自身积累能力薄弱，农村改革面临的一系列层次比较深、涉及面比较宽、需要从国民经济全局来统筹考虑的新问题凸显出来。1992年下半年至1993年5月，党中央、国务院在农业方面陆续发出13个文件，要求始终把农业稳定增长放在首要位置。1993—1996年物价涨幅的持续回落，是与连续三年提高粮食定购价同时实现的。1998年，在农村改革20年后，中共十五届三中全会在系统总结农村改革的历史经验、深入分析研究农业和农村发展现状的基础上，作出了《中共中央关于农业和农村工作若干重大问题的决定》，高度评价农村改革20年所取得的巨大成就和创造的丰富经验，提出了到2010年建设有中国特色社会主义新农村的奋斗目标，把确保农业和农村经济发展，增加农民收入，作为农业和农村工作的中心任务。

一是深化粮食流通体制改革。1992年9月，粮食流通体制按照"粮食商品化、经营市场化"的目标进行改革。1993年2月，国务院颁布《关于加快粮食流通体制改革的通知》。同年4月，全国95%以上的县市都放开了粮食价格和经营，全国的粮食销售价格基本全部放开，实行了40年的城镇居民粮食供应制度被取消。1995年，粮食购销政策仍实行"双轨制"，即在保证政府能够稳定地掌握一定数量的粮食，以稳定粮食供给的前提下，放开粮食市场购销。1998年初，中央决定，对粮食流通管理实施粮食系统政企分开、储备与经营分开、中央与地方责任分开、新老粮食财务挂账分开，完善粮食价格形成机制。1998年5月，国务院下发《关于进一步深化粮食流通体制改革的决定》，发起了新一轮粮食流通体制改革，改革的重点是国有粮食企业，提出了按保护价敞开收购农民余粮、粮食收储企业实行顺价销售、粮食收购资金封闭运行三项政策和加快粮食收储企业自身改革的措施。2000年春天，浙江成为全国第一个实行粮食购销市场化改革的省份。粮食流通体制改革在稳定粮食生产能力的前提下，增强了国家对粮食的宏观调控能力，为促进经济发展和维护社会稳定提供了可靠的物质基础。

二是农业结构战略性调整。市场经济条件下优化农业结构实际上是充分地利用当地资源优化农业生产要素的配置，适应市场需要。从1995年以后，农业连年丰收，农产品供给日益增加。但是，市场需求供大于求，出现地区性、结构性相对过剩，大量产品的积压迫使农产品价格全面下降，农民增收出现困难，工农产品价格剪刀差日益扩大。各地将重点放在调整和优化农业产业结构上，优化农作物品种，提高农产品质量；积极发展畜牧水产业；调整农业生产布局，发挥区域比较优势。此外，大力发展小城镇和乡镇企业，繁荣农村经济、增加农民收入。

三是改革农村税费。中共十五届三中全会后，农村改革迈出了新步伐。要发展农村经济，改善农民生活，仍需减轻农民负担，农村税费改革成为重点。为探索减轻农民负担的治本之策，2000年3月，中共中央、国务院发出《关于进行农村税费改革试点工作的通知》，率先在安徽全省进行农村税费改革试点。按照"减轻、规范、稳定"的目标要求，取消乡统筹费、农村教育集资等专门面向农民征收的行政事业性收费和政府性基金，取消屠宰税，取消统一规定的劳动积累工和义务工；调整农业税和农业特产税政策，设定农业税税率不超过7%；改革村提留征收使用办法，以农业税征收额的20%为上限征收农业税附加，同时取消原来的村提留；并配套推进乡镇机构，农村义务教育和县乡财政管理体制等改革。在安徽全面试点的基础上，河北、内蒙古、吉林、黑龙江、河南、湖南、陕西、甘肃8省（区）也选择了32个县（市）进行了局部试点。2001年，江苏省根据本省改革工作安排及财力情况，自主决定在全省范围内进行改革试点。除上海、西藏外的27个省份也选择了102个县（市）进行了局部试点。2002年，在总结安徽、江苏等地试点经验的基础上，按照"积极稳妥、量力而行、分步实施"的原则，国务院确定河北、内蒙古、黑龙江、吉林、江西、山东、河南、湖北、重庆、四川、贵州、陕西、甘肃、青海、宁夏16个省（区、市）为扩大农村税费改革试点省份。浙江、上海两省（市）根据自身财力情况，自费进行了改革试点。截至2002年底，农村税费改革试点工作已在全国20个省份全面展开。试点地区农村人口达到6.2亿，约占全国农村人口的3/4。2003年，农村税费改革试点在全国范围全面推开。

## （三）财税制度改革

对经济过热调整的实践证明，克服经济失衡的根本出路在于深化改革，加强和改善宏观调控。在发挥市场对资源配置基础性作用的同时，根据宏观经济形势的变化，及时调整财政、货币政策及相关宏观政策措施，以保持总需求和总供给的基本平衡和人民币币值的基本稳定。中共十四大对财税体制、金融体制、外汇管理体制、企业体制和社会保障体系等重要方面的改革拟定了方案。中共十四届二中全会提出要积极探索综合地、协同地运用经济手段、法律手段和必要的行政手段，建立起适应社会主义市场经济发展要求的新的宏观调控体系。1993年12月15日、25日，1994年1月11日，国务院分别作出《关于实行分税制财政管理体制的决定》《关于金融体制改革的决定》《关于进一步深化对外贸易体制改革的决定》，标志着财税、金融、外贸等领域的宏观管理体制改革进入全面实施阶段。

在宏观经济领域的各项改革中，财税体制改革与价格、国有企业、货币金融等各领域的改革相配合，居于中心地位。财税制度改革涉及巨大的利益关系调整，会使中央和地方的利益格局发生变化，难度较大。中共十一届三中全会以后，为适应经济体制转轨需要，以对地方和企业放权、让利、搞活为导向，形成了企业承包制、财政包干制的"大包干"体制。这对激发地方和企业的活力发挥过一定的积极作用，但随着改革的深入，到90年代初，财政收入占国内生产总值的比重和中央财政收入占整个财政收入的比重迅速下降，中央财政运行状况困难、收入增长乏力。

中共十四大明确了财税改革"市场基础性作用"的大方向，提出逐步实行"税利分流"和分税制。从1993年9月9日至11月21日，朱镕基带领由体改委、财政部、国家税务总局等有关部门组成的60多人的队伍，赶赴17个省区市，与地方党政负责人协商，阐明改革的必要性和重要意义，同时就改革的具体方案听取意见。1993年12月，国务院决定实行分税制。其主要内容为将各种收入分为中央财政固定收入，地方财政固定收入、中央地方共享收入，相应地对税收征管体系进行调整，从而建立起中央和地方规范的分配关系，从制度上保证各级政府财权与事权的统一，适当提高财政收入占国民生产总值的比重，适当提高中央财政收入的比重，以增强中央宏观调控的能力。税收征管手段和方法也得到改进，规范省以下分税制财政管理体制，从而调动地方政府增收节支的积极性。这一时期，还进行了国家与企业分配关系改革、工商税制改革、关税和进出口税制改革等一系列改革。十四大后的财税体制改革是适应社会主义市场经济体制的制度性重大改革，理顺了国家与企业、中央与地方的分配关系，形成了持续规范的财政增收机制，中央财政重获活力。这一时期，个人所得税制度也进行了改革。1994年，外籍个人征收的个人所得税、对国内居民征收的城乡个体工商业户所得税和个人收入调节税三税修订合一，颁布实施了新的个人所得税法，初步建立起符合中国实际的个人所得税制度。

### （四）金融改革及其成效

中国的改革开放非常重视金融工作。1993—1996年紧缩性宏观调控期间，包括金融改革在内的经济体制改革稳步推进，力求以改革消除影响宏观经济稳定的隐患，从体制和机制上为实现宏观调控目标创造有利条件。金融改革不断深化，进行了稳定人民币汇率、加强对金融机构和证券市场的监管、审慎开放金融市场等一系列宏观调控措施，保持金融形势的稳定。从90年代中期开始，金融改革深化重点集中于国有专业银行的商业化。从1994年开始，逐步建立起在国务院领导下，独立执行货币政策的中央银行宏观调控体系；政策性金融与商业性金融相分离，以国有商业银行为主体、多种金融机构并存的金融组织体系；以及统一开放、有序竞争、严格管理的金融市场体系。新组建的国家开发银行、中国进出口信贷银行和中国农业发展银行等政策性银行开始投入运营，中央银行在宏观调控中的作用显著增强。1997年第一次全国金融工作会议成立了保监会，人民银行不再具有监管证券、保险行业的职能。1993年全国金融机构整顿之后，中央金融机构基本实现了垂直化管理，人民银行省分行对商业银行省分行的协调职能弱化。

汇率并轨的改革也在进行中。从1994年1月1日起，国家实行普遍的银行结汇售汇制，取消外汇双重汇率，实行人民币官方汇率与外汇调剂市场价并轨，中国开始建立起以市场供求为基础的有管理的单一的浮动汇率制度，形成合理的汇率和调控机制。1995年3月，中央银行进一步改进银行结汇售汇体制，将外汇指定银行的外汇周转金由1994年的上限管理调整为下限管理，以充分发挥"外汇蓄水池"功能。1996年12月1日，中央银行

中国人民银行是中华人民共和国的中央银行，专门行使国家中央银行的职能。图为中国人民银行总部。

又再次改革，实行人民币在经常项目下的可自由兑换。由此，汇率并轨一举成功，为进一步沟通国内外市场、吸引外资、发展开放型经济起到了重要作用。1997年1月，中央召开全国金融工作会议。要求切实整顿金融秩序，防范和化解金融风险，要坚决取缔非法设立的金融机构，严禁非金融企业从事金融业务。有关部门又陆续颁布《证券市场禁入暂行规定》《关于严禁国有企业和上市公司炒作股票的规定》《关于禁止银行资金违规流入股票市场的通知》等文件，加强对股票和证券市场的监管。这些都为中国应对亚洲金融危机的冲击提供了有利条件。1997年11月，全国金融工作会议对防范和化解金融风险作出全面部署。会议提出进一步整顿和规范金融秩序，切实加强金融法治和金融监督，大力运用现代化信息技术管理手段，力争用三年左右时间大体建立与社会主义市场经济发展相适应的金融机构体系、金融市场体系和金融调控监管体系，基本实现全国金融秩序明显好转，化解金融风险，增强防范和抗御金融风险的能力。1998年11月，中国人民银行进行改革，撤销省级分行，跨省区设置9家分行。

### （五）国企改革及其成效

国有企业改革是一场涉及多方面的广泛而深刻的变革。在公有制为主体、多种所有制经济共同发展的新格局下，国有企业的总体实力进一步增强。进入90年代，承包制的弊病逐渐显现，国企改革开始强调转换企业经营机制，向建立现代企业制度迈进。从1994年起，国有企业进行体制转换和结构调整，改革进入转换经营机制、建立现代企业制度的攻坚阶段。随着体制的转换和市场环境的急剧变化，国有企业在计划体制下积累的深层次矛盾和问题集中暴露出来，相当一部分国有企业尚未能适应市场经济的要求。主要表现为经营机制不活，技术创新能力不强，人员冗余，在激烈的市场竞争中难以获得理想的经济效益。

1992年7月，国务院公布了《全民所有制工业企业转换经营机制条例》。该条例根据两权分离的思路明确了企业经营权、企业自负盈亏责任、企业和政府的关系、企业和政府的法律责任等问题。但是，仅靠企业内部转换机制，难以达到改革的预期目标，改革还待深化。1998年，中国政府明确提出"从战略上调整国有经济布局和改组国有企业""有进有退""抓好大的，放活小的"等主张，通过去产能为国有企业改革减压减负、优化供给端；通过深化国有企业改革为化解过剩产能消除体制机制障碍。1997年，中共十五大进一步明确了国有企业改革的方向，提出力争到20世纪末大多数国有大中型骨干企业初步建立现代企业制度，经营状况明显改善，开创国有企业改革和发展新局面的目标。自1998年，国有企业改革经历了"抓大放小"和战略性改组，改革推进到了历时三年的战略攻坚阶段。

中共十五大还提出，从不同行业和地区的实际出发，根据不平衡发展的客观进程，着力抓好重点行业、重点企业和老工业基地，把解决当前的突出问题与长远发展结合起来，为国有企业跨世纪发展创造有利条件。把国有企业改革同改组、改造、加强管理结合起来。要着眼于搞好整个国有经济，抓好大的，放活小的，对国有企业实施战略性改组。以资本为纽带，通过市场形成具有较强竞争力的跨地区、跨行业、跨所有制和跨国经营的大企业集团。采取改组、联合、兼并、租赁、承包经营和股份合作制、出售等形式，加快放开搞活国有小型企业的步伐。

中共十五大后，以建立现代企业制度为重点的改革攻坚全面展开。1994年开始的在100户国有大中型企业进行建立现代企业制度试点，从1997年起大幅度扩展。优化资本结构和资产重组的试点城市由18个增加到111个，建立企业集团试点由56家扩大到120家。通过这些试点，按照发展社会主义市场经济的要求，对整个国有企业实施战略性改组，建立新的管理体制。到2001年底，由国务院和省部级政府批准成立的企业集团以及中央管理的企业集团、国家重点企业中的企业集团共计2710家，其中在179家特大型企业集团中，国有及国有控股企业集团有165家。按销售额排序，排在企业前10位的都是大型国有及国有控股企业，内地国有及国有控股企业有11家跻身世界500强。同时，对于量大面广的国有中小企业，采取改组、联合、兼并、租赁、承包经营和股份合作制、出售等多种形式，使其中一大批企业寻找到适合自身发展的具体形式，促进了经营机制的转换，增强了市场竞争力。

中国的股份制改革从20世纪80年代中后期逐步开始，到90年代初全国各地已出现了一大批股份制试点企业。1992年以后，在邓小平南方谈话精神鼓舞下，股份制改革进入了一个新的发展阶段。同年3月，国务院有关部门共同制定了《股份制企业试点办法》等11个法规，进一步规范和推动了股份制改革。1998年后，按照建立现代企业制度的要求，大批国有企业进行了公司制和股份制改革。不少大型企业和企业集团按照国际惯例进行资产重组后，在境内或境外的资本市场成功上市，不仅募集了大量社会资金，改善了资产结构和经营状况，而且在建立现代企业制度、促进多元化的投融资体系形成、扩大国家的财政收入渠道、提高经济运行效率方面都发挥了重要作用。国有企业三年脱困的目标基本实现，到2000年底，1997年亏损的6599户国有及国有控股大中型企业，亏损企业数已减少70%以上；2000年国有及国有控股工业企业实现利润2392亿元，为1997年的2.9倍。

1998—1999年，中央实施中性偏紧的货币政策，停止向困难国有企业的"输血型"支持，倒逼企业去杠杆、去产能和兼并重组，效果良好。1999年9月，中共十五届四中全会进一步讨论了国有企业改革和发展的若干重大问题，通过了《中共中央关于国有企业改革和发展若干重大问题的决定》，确定了到2010年国有企业改革和发展的目标。《决定》指出，到2010年，要适应经济体制与经济增长方式两个根本性转变和扩大对外开放的要求，基本完成国有企业战略性调整和改组，形成比较合理的国有经济布局和结构，建立比较完善的现代企业制度，经济效益明显提高，科技开发能力、市场竞争能力和抗御风险能力明显增强，使国有经济在国民经济中更好地发挥主导作用。《决定》还提出了一系列重大政策措施。国有企业改革的总体思路更为清晰，方针更为明确，不仅对完成改革和实现用三年时间脱困的目标，而且对国有企业的跨世纪发展，都具有指导意义。经过努力，国有企业三年脱困的改革目标顺利实现，推进了工业的转型升级，从1998到2000年末三年间，国有及国有控股大中型企业的亏损面由39.1%下降至20%左右，国有企业亏损数目大幅度减少，劳动生产率得到了大幅度提升。

国有企业改革最重要的是形成适应市场经济要求的管理体制和经营机制。根据《中共中央关于国有企业改革和发展若干重大问题的决定》，国有企业继续从多层面向深层次大步推进改革攻坚。《决定》明确各级党政机关都要同所办的经济实体和直接管理的企业在人财物等方面彻底脱钩。政府对国家出资兴办和拥有股份的企业，通过出资人代表行使所有者职能，按出资额享有资产受益、重大决策和选择经营管理者等权利，对企业的债务承担有限责任，不干预企业日常经营活动。

国有企业改革的重要一环，还在于搞好国有企业下岗职工的基本生活保障和再就业。三年国有企业改革中把减员增效作为突破口，1998
1999 年间国有企业就业人数下降约2200万。中国各级各地政府采取了积极转岗、多种形式的培训和再就业服务等帮扶政策，先后为下岗职工建立起"三条保障线"：下岗职工基本生活保障、三年后未就业者享受失业保险、失业保险满两年仍未就业者享受城镇居民最低生活保障。这些措施有力地保障了国企改革的顺利进行。

## （六）应对亚洲金融危机

亚洲金融危机从汇率问题开始。1996年，泰国汇率危机持续升级，为了维持与美元的汇率，泰国政府大量抛售外汇。1997年7月2日，泰国政府宣布放弃坚持了14年得泰铢与美元挂钩的联系汇率，实行可自由兑换的浮动汇率，这一政策导致泰铢急剧贬值，亚洲金融危机爆发并不断蔓延恶化。正在中国按照十五大确定的部署改革开放不断深化，跨世纪发展战略全面实施之际，危机横扫马来西亚、新加坡、日本、韩国及中国香港等地，为害之烈、来势之猛超出人们的预料，一些国家和地区甚至出现了政治和社会动荡。亚洲金融危机对中国也形成巨大的外部冲击，特别是在外贸金融方面。国际市场突发性严重萎缩，周边国家和地区货币竞争性贬值以维持出口，使中国外贸进出口总额下降，可利用外资减少。中国经济增长的速度大幅度降低，资本加速流出，人民币面临贬值的压力。1998年，中国还遭遇了百年一遇的洪涝灾害。

中国政府冷静地分析了形势，果断、有力地采取了一系列对策。1998年年初，面对金融危机继续蔓延的势头，中国政府宣布，必须确保中国经济发展速度达到8%，通货膨胀小于3%，人民币不能贬值，扩大内需以拉动国民经济的增长，发挥国内市场巨大潜力，积极扩大出口，适当增加进口，保持人民币汇率稳定等重大决策。7月，鉴于外贸出口增长速度减缓和通货出现紧缩的趋势，中国政府果断决定：改变90年代中期以来从紧的财政、货币政策，实施积极的财政政策和稳健的货币政策，由中央财政向商业银行增发长期建设国债，增加投资，加强基础设施建设；同时增加低收入者的收入，改善人民生活；并采取出口退税、加大打击走私力度等措施，千方百计增加出口，从多方面拉动经济增长。积极财政政策以增发国债，积极拉动国内需求为主导。1998年增发1000亿元长期国债并配套1000亿元银行贷款用以加强基础建设，清理整顿乱收费727项，为企业和社会减负370多亿元。1998年至2000年亚洲金融危机期间，连续三年共发行长期建设国债3650亿元主要用于加快基础设施建设，由此又带动了近7500亿元银行配套贷款，增加了固定资产投入，加快了基础设施建设步伐。大规模的基础设施建设，带动了一批相关产业的发展和就业岗位的增加，有效拉动了国内需求。外贸出口从1999年下半年起开始回升，到2000年，经济发展也开始稳步回升。

中国以经济的持续增长及时扭转了1997年后出现的通货紧缩，有效抵御了亚洲金融危机的冲击。不仅如此，作为负责任的大国，中国实现了在亚洲金融危机期间人民币不贬值的承诺，还帮助东南亚国家增加对华出口实现经济复苏，为缓解金融危机作出了积极贡献。中国的国际地位和威望进一步提高。

### （七）西部大开发

中国西部地区占国土面积的2/3，和发达的东部沿海地区相比，西部大部分地区人口较为稀少，自然条件较为恶劣，经济较为落后。在中国的改革开放中，西部的发展极为重要。实施西部大开发，是实现全国现代化必不可少的前提。因此，东西部地区发展的差距和扩大，成为困扰中国改革开放深入发展的全局性问题。1988年，邓小平提出了"两个大局"的思想：沿海地区要对外开放，使这个拥有两亿人口的广大地带较快地先发展起来，从而带动内地更好地发展，这是一个事关大局的问题。内地要顾全这个大局。反过来，发展到一定的时候，又要求沿海拿出更多力量来帮助内地发展，这也是个大局。

西部大开发是邓小平"两个大局"思想的继承和具体实践。1992年邓小平南方谈话后，中国政府在进一步巩固沿海地区对外开放成果的基础上，逐步加快了中西部地区对外开放的步伐。到了1999年，中央认为，加快中西部地区发展步伐的条件已经具备，时机已经成熟。2000年1月，国务院西部地区开发领导小组召开西部地区开发会议，研究加快西部地区发展的基本思路和战略任务，部署实施西部大开发的重点工作。2000年

10月，中共十五届五中全会通过的《中共中央关于制定国民经济和社会发展第十个五年计划的建议》，把实施西部大开发、促进地区协调发展作为一项战略任务，强调："实施西部大开发战略、加快中西部地区发展，关系经济发展、民族团结、社会稳定，关系地区协调发展和最终实现共同富裕，是实现第三步战略目标的重大举措。" 2000年，西部大开发迈出实质性步伐，开工了"十大工程"，即宁西铁路、渝怀铁路、西部公路建设、西部机场建设、重庆轻轨、涩北—西宁—兰州输气管线、青海30万吨钾肥工程、西部退耕还林还草工程、西部高校基础设施建设、四川紫坪铺水利枢纽等。

2001年6月29日，西部大开发的标志工程——青藏铁路全线开工，这是开工时的一个场面。

2001年3月，"十五"计划对西部大开发战略再次进行了具体部署，依托亚欧大陆桥、长江水道、西南出海通道等交通干线，发挥中心城市作用，以线串点，以点带面，逐步形成中国西部有特色的西陇海兰新线、长江上游、南（宁）贵、成昆（明）等跨行政区域的经济带，带动其他地区发展，有步骤、有重点地推进西部大开发。6月，西部大开发战略的标志性工程——青藏铁路全线正式开工，铁路纵贯青海、西藏两省区，对沟通西藏、青海与内地的联系具有战略意义，也是西部腹地路网骨架的重要组成部分。

# 四、抓住经济全球化机遇和加入世贸组织

　　20世纪90年代，全球范围内经济结构调整广泛而深刻地进行，生产要素的全球配置与重组给各国经济发展带来深刻的影响。以邓小平南方谈话为契机，中国对外经济开放进入了一个新的阶段。在国际经济领域中，经济全球化趋势和以信息技术为代表的高科技迅猛发展引起人们普遍关注，综合国力的竞争日趋激烈。中共十四大确定了社会主义市场经济体制改革目标，明确提出要"进一步扩大对外开放，更多更好地利用国外资金、资源、技术和管理经验"①。十四届三中全会又提出"发展开放型经济，使国内经济与国际经济实现互接互补"②的新要求。1997年，中共十五大在认识经济全球化趋势的基础上，提出关于"努力提高对外开放水平"总体要求③。中国对外经济开放从数量、规模的扩张开始发展为对质量、水平提高的要求。

---

① 《江泽民文选》第一卷，人民出版社2006年版，第230页。
② 《十四大以来重要文献选编》（上），人民出版社1996年版，第539页。
③ 《十五大以来重要文献选编》（上），人民出版社2000年版，第28页。

随着生产、投资、金融、贸易在全球范围内的大规模流动，中国全方位对外开放地域格局基本形成。1992年，芜湖、九江、岳阳、武汉、重庆5个沿江城市和三峡库区开放，实行沿海开放城市和地区的经济政策，以上海浦东为龙头的沿江开放带形成。随后，中共中央、国务院又决定将开放城市发展到全国各省区，确定成都、郑州、太原、西安、兰州等17个省会为内陆开放城市。自1992年3月起，逐步对内陆边境的15个沿边城市实行开放，包括黑龙江省的黑河、绥芬河，吉林省的珲春，内蒙古自治区的满洲里、二连浩特，新疆维吾尔自治区的伊宁、博乐、塔城，广西壮族自治区的凭祥、东兴，云南省的瑞丽、畹町、河口，西藏自治区的普兰和樟木。国务院鼓励沿边开放城市发展边境贸易和与周边国家的经济合作，可以兴办边境经济合作区，实行类似沿海经济技术开发区的优惠政策。随后几年，又陆续开放了一大批符合条件的内陆市县，从而极大地促进了各地外向型经济的发展。2000年西部大开发战略实施，对外开放进一步扩大到广大西部地区。

1999年，为了加快内陆地区对外开放步伐，促进中西部地区大开发和社会经济发展，国家允许内陆地区省会城市设立国家级的经济技术开发区，成为中国新一轮对外经济开放的重要标志。从1992年到2002年3月，国务院在全国先后批准设立了49个国家级经济技术开发区。此外，还批准建立了53个国家级高新技术产业开发区、15个国家级出口加工区、14个国家级保税区和14个国家级边境经济合作区。经过20多年分步骤布局推进，中国的对外开放地域从经济特区、沿海开放城市，扩大到沿边、沿江地带直至内陆省会城市、地区，形成了由沿海到内地，由东部到中西部的全方位、多层次、宽领域的对外开放格局，中国全面对外开放新格局的确立。

邓小平南方谈话后，利用外资集聚全球优势资源出现了新的热潮。国务院出台《关于商业零售领域利用外资问题的批复》，同意先在北京、上海、天津、广州、大连、青岛和五个经济特区各试办一至两个中外合资或合作经营的商业零售企业。基于对中国市场潜力和开放前景的乐观预期，各国投资者包括一些知名跨国公司把中国作为稳定投资地，有的还筹划了长期战略投资布局。1992年当年比1991年增加一倍以上，超过了100亿美元。1996年突破400亿美元大关。外资利用形式开始转型为外商直接投资为主，形式逐步多样化。1994年，中国引进外国资金、先进设备和技术建设的第一座大型核电站广东大亚湾核电站一号机组正式投入商业运行。这一时期外资对中国国民经济的贡献率也有了较大提高，1995年外商投资企业缴纳的企业所得税占全部企业所得税收入的8.9%。但是，也一度出现引资过快过急，缺乏论证等情况。1995年6月20日，原国家计委、经贸委、外经贸部首次联合发布《外商投资产业指导目录》和《指导外商投资方向暂行规定》，这是中国在规范外商投资、引导进出口贸易方面操作性最强的一部法规。

这一时期，中国全面实施外向型经济，加大了建立适应国际经济通行规制接轨的运行机制的力度。涉及对外经济开放的贸易体制、外汇管理、税收和国际收支平衡方面的改革力度颇大。1994年1月，国务院作出《关于进一步深化对外贸易体制改革的决定》对外贸进行彻底市场化改革，目标是建立统一政策、开放经营、平等竞争、自负盈亏、工贸结合、推行代理制的外贸体制。此轮改革将审批制改为登记制，由于外贸全部放开，继续采取鼓励出口的政策措施，大量民营企业进入外贸经营领域。同时，不再给进出口企业下达外贸承包指令性计划指标，全部取消出口补贴，完善出口退税制度。外贸企业转换经营机制，走向实业化、集团化、国际化经营。一批具备条件的专业外贸企业改组为规范化的有限责任公司或股份有限公司。改革以汇率并轨为核心，实行外汇收入结汇、售汇制度，取消各类外汇留成和外汇额度管理。同时将官定汇率5.76改为一致的市场汇率8.6。企业出口得到的外汇，由银行按8.6结算，付给人民币。实行在经常项目下的人民币有条件兑换。1996年，在1994年税制改革和分税制财政管理体制改革后，为促进对外开放、吸引外资、完善涉外税制，涉外税制进行了重要改革，一是大幅度降低关税税率，同时取消进口税收减免的优惠政策；二是进一步调低出口货物退税率。三是对加工贸易实行进口料件保证金台账监管制度。1996年4月，中国政府宣布大幅度削减4971个税目的进口税率，使关税税率的平均水平从35%下降到23%。1997年10月1日再次降至17%左右，2002年再降至12%。

这一时期，社会主义市场经济体制正在加快建立和完善，对外经贸历经多年发展，需要总结丰富的实践经验。中国适时提出了大经贸战略，培育新的对外经济增长点，促进对外经济转型升级。中国承接了发达国家以机电产业为代表的大量制造业产业转移，实施了配套鼓励对外经济开放扩大的措施。在大量投资的带动下。中国工业生产能力迅速扩充，机电产品成为中国出口主导产品。值得一提的是，90年代中期，信息技术取得突出进展，互联网逐渐开始普及，1994年，中国实现互联网接入，为中国之后在国际分工序列中的地位逐步上升提供了巨大的空间。这一时期，开始注重发挥进口对国民经济发展的积极作用，改革并完善了进口管理，保持进出口基本平衡。

中国企业也进一步走向世界，实现对外经济的双向互动。中国与世界上大多数国家和地区开展了经贸往来，美国、日本、韩国和欧盟、东盟国家已成为中国最重要的经贸伙伴。1997年亚洲金融危机后，出口低迷，中国企业对外直接投资规模也有较大回落，国家千方百计扩大出口，鼓励企业以各种形式"走出去"。1999年，为引导轻工、纺织、家用电器等机械电子以及服装加工等具有比较优势的行业开展境外加工装配业务，国家出台《关于鼓励企业开展境外带料加工装配业务的意见》，提出了支持中国企业以境外加工贸易方式"走出去"的具体政策措施，除国有企业外，股份制企业和民营企业也加入对外直接投资行列。2000年，中共十五届五中全会首次明确提出"走出去"战略，并与西部大开发战略、城镇化战略、人才战略并列。对外直接投资主体逐步由对外工程公司和外贸公司转移到大型工商企业，投资领域也有所扩大，交通运输、金融保险、家电制造、旅游服务等各行业均有涉及。随着对外经济开放程度的提高，国际经济领域的规则意识增强，1992年中美《关于保护知识产权的谅解备忘录》签订，接着1995年2月、1996年6月两个中美双边知识产权协议签署，缓和了中美贸易中关于知识产权的争端。中国还陆续加入了《联合国国际货物销售合同公约》《承认和执行外国仲裁裁决公约》《保护工业产权巴黎公约》等一大批国际公约和条约，与89个国家签订了双边保护投资协议，与160多个国家签订了贸易协定。

1992年中共十四大确立社会主义市场经济体制和加快发展目标以后，进一步扩大对外开放以抓住经济全球化机遇，就成为必然选择。中国在积极扩大参与和组织区域性经济合作组织的同时，加快了加入世界贸易组织（简称世贸组织）的谈判。经过艰难曲折的谈判，2001年12月11日，中国正式加入世贸组织，成为其第143个成员。

加入世贸组织，是中国参与国际分工和适应经济全球化趋势的必然选择，对中国有着重要意义：（1）有利于改善中国的国际贸易环境；（2）可享受发展中缔约方的优惠待遇，给中国的对外经济贸易的发展提供良好的机遇；（3）有利于中国吸收更多的外国投资；（4）有助于参与经济全球化的进程，提高国际竞争力。当然，加入世贸组织后，中国也会面临挑战：（1）将会带来一些体制上的震动和冲突，倒逼中国加快市场化改革；（2）宏观调控难度增大，受世界经济波动影响增加；（3）部分产业也面临着国际竞争压力。总体来说，中国加入世贸组织，会推动世界经济贸易的良性循环，有利于经济全球化，最终在整体上给包括中国在内的世界各国带来利益。

这一时期，对外经济虽然历经了外资进入的反复、经济过热及宏观调控、日本经济低迷带来的影响、亚洲金融风暴等种种考验，但在总体上保持了较快的持续增长，贸易结构不断优化，国家外汇储备继续增长。1992年进出口贸易总额为1655.3亿美元，1994年为2367.3亿美元，2000年达到3606.54亿美元。对外经济开放通过各项改革加速向纵深发展。由沿海开放区、沿江开发区、沿边开放区和内陆开放相结合构成的全地域、全方位对外开放格局基本形成，中国经济由封闭或半封闭型向开放型转变。这为下一阶段全面参与经济全球化奠定了坚实的基础。但是，对外经济开放规模和效益之间的均衡仍需继续探索，全球资源和市场配置能力仍需提高。

# 五、社会文化生活的变迁和丰富

### （一）教育体制改革和科教兴国战略提出

20世纪90年代后，中国政府进一步把教育事业摆在优先发展的位置，将改革作为教育发展的强大动力。1992年，邓小平在视察南方与各地党政负责同志谈话时指出："经济发展得快一点，必须依靠科技和教育。"经济体制改革的深入和国际经济科技的竞争，促进了人才培养和科技、教育体制改革，中国教育的规模、数量、速度呈现跨越式发展。1993年，党中央和国务院发布了《中国教育改革和发展纲要》，确定了到20世纪末中国教育改革与发展的基本目标和任务。全国人大通过了《中华人民共和国教师法》《中华人民共和国职业教育法》等，健全了教育法律法规。90年代中期之后，各级各类教育事业在发展规模上跨上了一个新台阶。农村义务教育多渠道集资办学，"国家贫困地区义务教育工程（1995—2000年）"，中央财政专款加上地方政府配套资金，投入总量超过100亿元，成为新中国成立后中央级专项资金投入最多、规模最大的义务教育扶贫工程。基本扫除青壮年文盲方面成果显著。1997年，全国65%的人口地区普及了九年义务教育，全国小学学龄儿童入学率达到98.9%，初中阶段（12—14岁人口）毛入学率达到87%，青壮年文盲率降到6%以下，超过了同期发展中国家的平均水平。2000年，中国实现了"基本普及九年义务教育、基本扫除青壮年文盲"的目标。

高等教育总体规模发展很快，结构有所改善，初步形成多种层次、多种形式、学科门类基本齐全的高等教育体系；开展了以面向21世纪重点建设一批大学和学科为宗旨的"211工程"。高校已经成为我国科技事业的生力军，开始利用市场机制扩大资源，科技成果转化取得显著的经济和社

1999年4月29日，北京大学和北京航空航天大学联合共建的北京大学工程研究院宣告成立。这是两校文理与工程互补，探索创建世界一流大学的重大举措。

会效益；涌现了以北大方正为代表的一批新型校办企业，密切了教育与经济、科技的关系。

教育国际合作与交流不断扩大，成为中国对外开放的一个重要组成部分。十四大后，留学人员回国总数以每年13%的速度递增，特别是全面实行国家公费出国留学制度改革后，每年国家公派留学归国人数已超过当年派出数。改革开放与留学人才培养相互促进，据统计，在中国工程院院士中，有52%是近十多年回国的留学人员。教育改革扩大了教育规模，增加了教育机会，培养了大批高素质的劳动者和专门人才。

1988年9月，邓小平提出"科学技术是第一生产力"的论断。体现了中国共产党对科学技术的高度重视。90年代，世界科技革命出现新的高潮，科学技术突破性的进展，提供了全球化的技术基础和动力，科技对经济社会的推动作用日益显著。中国顺应这一趋势进行科技发展规划，1992年3月，国务院颁布《国家中长期科学技术发展纲领》，指导到2000年以至2020年中国科学技术与经济社会的协调发展，阐明了中国中长期自然科学技术发展的战略、方针、政策和发展重点。1995年5月6日，中共中央、国务院颁布了《关于加速科学技术进步的决定》，首次提出在全国实施科教兴国的战略。主要内容是：在科学技术是第一生产力思想的指导下，坚持教育为本，把科技和教育摆在经济、社会发展的重要位置，增强国家的科技实力和科学技术向现实生产力转化的能力，提高科技对经济的贡献率，提高全民族的科技文化素质，把经济建设转移到依靠科技进步和提高劳动者素质的轨道上来，加速实现国家的繁荣昌盛。科教兴国战略提出后，从1998年起，中央财政五年内投入25亿元用于国家重点基础研究。

企业逐渐成为技术创新的主体，企业技术创新能力全面提高；应用型科研机构和设计单位开始实行企业化转制，科技型企业的发展；国家高新技术产业开发区加强了建设，形成了高新技术产业化基地；多种形式的民营科技企业和科技中介服务机构取得发展。信息产业受到重视，1994年4月，中国连入互联网（Internet）的64K国际专线，实现了与互联网的全功能连接。中国从此成为拥有全功能互联网的国家。2001年9月，《信息产业"十五"规划纲要》正式发布，这是国家确立信息化重大战略后的第一个行业规划。

### （二）可持续发展战略的提出

实现社会的全面发展，既要依靠经济的增长，也不能忽视资源、环境和人口等多种因素的协调。20世纪90年代后，面对世界人口、资源和环境问题，谋求可持续发展逐渐成为人类的共识。在经济建设步伐不断加快、工业化进程迅猛发展的背景下，可持续发展问题也日益引起中国政府的重视，主要包括社会可持续发展、生态可持续发展、经济可持续发展。1995年9月，中共十四届五中全会在确定经济社会发展目标时，提出经济增长方式从粗放型向集约型转变，实现经济社会相互协调和可持续发展，这是在党的文件中首次提出可持续发展战略。江泽民在全会专门论述了中国经济建设和人口、资源、环境的关系，强调指出："在现代化建设中必须把可持续发展作为一个重大战略。"中共十五大又把可持续发展战略确定为中国"现代化建设中必须实施"的战略，明确提出实施可持续发展战略是21世纪前十年中国经济体制改革和经济发展战略的八个重要方面之一。可持续发展战略在一些实践领域取得了重要突破。如修订后的《刑法》首次将严重破坏环境与资源的行为定为犯罪，《农业法》《土地管理法》《水土保持法》《大气污染防治法》等先后颁布。中共十五大之后，国务院制定了《全国生态环境建设规划》和《全国自然保护区发展规划》，作出严厉打击非法捕杀和经营野生动物、秸秆禁烧和综合利用、实施退耕还林还草和天然林保护等一系列规定，统筹规划国土资源开发和整治实行资源有偿使用制度。

### （三）社会生活的变迁

20世纪90年代，随着粮食和其他日用品日益丰富，中国社会告别短缺经济。人们的生活向小康过渡，思想观念随着市场经济的深入更为开放兼容，社会生活也更为多姿多彩。1992年粮票被取消，票证结束了它长达40年之久的特殊身份。生活必需品时代向耐用消费品时代转型，中国电视机年产量达3500万台，居世界第一。城市家庭的黑白电视大规模升级换代到彩色电视，出现了进口品牌的彩电。服饰的急速变化是人们生活质量提高的表现之一。在北京王府井大街，上海的南京路等繁华地段，商家摆出街边的塑料模特展示当季的流行服装。穿衣打扮强调个性和多变，与80年代不同，很难用一种款式或色彩来概括时尚潮流。1993年首届中国国际服装服饰博览会举行，国际服装品牌开始进入中国，人们的着装观念进一步多样化、个性化。

随着市场经济的发展，人们对食物的消费层次和结构不断发生变化，对动物性食品的需求增加。1987年以前，餐饮业的所有制结构为国有和集体两种形式。改革开放后，餐饮市场最先获得开放，实行"国家、集体、个人一齐上"，多种经济成分并存，成为拉动中国消费需求增长的重要力量。1990年，麦当劳连锁快餐在深圳开设第一家门店，随后在中国迅速扩张。随着人们生活水平的提高，文化消费也不断增长，20世纪90年代末期，中国城镇居民人均文化消费支出约400元左右，比80年代增长了近10倍，2001年更是达到650元。家用电脑开始成为不少城镇居民的新宠，购买热度持续上升。互联网、网络经济的飞速发展，一个更具全球化深度和广度的互联网世纪正在展现。

# 六、祖国统一大业的推进

20世纪90年代，按照"一国两制"的方针，香港、澳门的回归顺利实现，海峡两岸关系进一步发展。

## （一）香港回归

根据1984年《中英联合声明》的双方共同承诺，1997年7月1日香港回归，开始由中华人民共和国中央人民政府对香港行使主权、英国政府将香港移交中华人民共和国政府。从《中英联合声明》生效之日起，香港进入长达12年的过渡期。1985年4月10日，六届全国人大三次会议决定成立香港基本法起草委员会，负责起草基本法。邓小平看重基本法的起草，认为："我们的'一国两制'能不能够真正成功，要体现在香港特别行政区基本法里面。这个基本法还要为澳门、台湾作出一个范例。所以，这个基本法很重要。世界历史上还没有这样一个法，这是一个新的事物。"1990年4月4日，在中英就香港选举问题达成协议和谅解后，七届全国人大三次会议通过《中华人民共和国香港特别行政区基本法》和三个附件，以及香港特别行政区区旗和区徽图案。《基本法》将"一国两制"科学构想以法律的形式体现出来。

1989年后，英国错误估计"北京政治风波"特别是苏东解体后的国际形势，中英关系出现逆转，在香港平稳过渡，特别是实现政治体制的衔接问题上设置重重障碍。1990年12月，新任总督彭定康发表了任内第一份施政报告，报告提及要对香港现行政制进行重大改革的"宪制改革"方案，阻挠和对抗中国对香港恢复行使主权。

彭定康的倒行逆施遭到中国政府的强烈反对，1992年10月，江泽民指出，我们坚定不移地按照"和平统一、一国两制"的方针，积极促进祖国统一。1993年3月31日，第八届全国人大常委会得到全国人大授权，设立香港特别行政区筹备委员会预备工作委员会。随着预委会的成立及工作开展，中国对香港恢复行使主权的准备工作，进入实质性阶段。1996年12月11日，香港特区第一届推选委员会选举董建华为香港特区第一届行政长官人选，12月16日获得国务院任命。1997年5月，香港特别行政区筹委会第9次全体会议在北京举行，会议通过《中华人民共和国香港特别行政区第一届立法会的具体产生办法》等重要文件。1997年6月30日午夜至7月1日凌晨，中英两国政府在香港会议展览中心举行香港政权交接仪式，江泽民宣告中国政府对香港恢复行使主权，终结了香港被侵占的百年屈辱史，"一国两制"构想踏入发展新阶段。遗憾的是，"一国两制"的创始人邓小平在距香港回归5个月前逝世，没有亲眼看见这一伟大历史时刻。他描绘了香港的未来蓝图，对祖国和平统一大业的巨大贡献永远铭刻在改革开放的历史上。

香港回归后不久，1997年10月，受亚洲金融危机影响，香港股市狂

1997年6月30日午夜至7月1日凌晨，中英香港政
权交接仪式在香港会展中心举行。

跌。在中央政府的强力支持下，中资及外地资金开始入市，通过从市场回
购股份推动大市上扬，成功地进行了香港金融保卫战，维护了港币安全。

（二）澳门回归

1993年3月，八届人大一次会议通过了《中华人民共和国澳门特别行政区
基本法》和三个附件，为"一国两制"方针在澳门的实践提供了法律保证。

1998年5月5日，澳门特别行政区筹委会成立，澳门回归祖国工作进入

实质性阶段。由于中葡两方一直保持有较好的合作关系，过渡期的主要工作即《中华人民共和国澳门特别行政区基本法》的起草和贯彻执行基本顺利。中葡双方妥善处理了澳门政府公务员本地化、法律本地化和中文官方地位等问题，为澳门政治制度与基本法规定的政制的衔接、政权的平稳过渡及长期发展做了充分准备。

1999年5月15日，澳门特别行政区第一届政府推选委员会选举何厚铧为澳门特别行政区首任行政长官。5月20日，获得国务院任命。这是第一任由中国人担任的澳门行政长官，结束了葡萄牙政府派遣澳督的400年的历史。

1999年12月20日零时，中葡两国政府在澳门文化中心举行政权交接仪式，中国国家主席江泽民宣告：中国政府对澳门恢复行使主权。从这一刻起，澳门的发展进入了一个崭新的时代。交接仪式后，举行了中华人民共和国澳门特别行政区成立暨特区政府宣誓就职仪式。澳门的回归，标志着在中国国土上彻底结束了外国列强的占领。

香港和澳门如期回归的历史盛事，是中国在完成祖国统一大业中的重要一步。中国共产党为中华民族作出了历史性贡献，也为国际社会以和平方式解决国家间的历史遗留问题，提供了新的范例。香港、澳门的回归后，"一国两制"政策方针得到高度体现，"港人治港""澳人治澳"成为现实。港澳政局稳定，经济社会获得了稳定发展。

**（三）两岸关系的发展**

台海关系始终是海峡两岸人民关注的焦点，实现祖国的完全统一是中国人民最大的心愿。在香港、澳门顺利回归过程中，祖国大陆和台湾的关系也逐渐向着"一国两制"、和平统一的方向发展。随着中国大陆对外开放格局的形成和经济的快速发展，两岸人员往来频繁，经济、文化等各项交流大为增长。特别是两岸经贸往来，成为两岸关系中最为积极的因素，两岸经济互利互补的局面初步形成。1990年11月，台湾海峡交流基金会成立。为便于与海基会的接触，1991年底，祖国大陆成立海峡两岸关系协会，以促进两岸关系的实质性进展。1992年，两会开始事务性商谈并达成共识，各自以口头方式表达"海峡两岸均坚持一个中国原则"，即"九二共识"。

以"九二共识"为基础，1993年4月27日至29日，在海协会的倡议和

以"九二共识"为基础，1993年4月27日，海协会会长汪道涵与海基会董事长辜振甫在新加坡举行会谈。

积极推动下，经过海峡两岸的共同努力，第一次"汪辜会谈"在新加坡正式举行。在海峡两岸都坚持一个中国原则的基础上，"汪辜会谈"就加强两岸经济合作和科技、文化、青年、新闻等领域的交流进行了协商，签署了四项协议，受到了海峡两岸和国际社会的普遍好评。1993年9月，国务院台湾事务办公室和国务院新闻办公室联合发表《台湾问题与中国的统一》白皮书，首次以政府文告的形式系统阐述了台湾问题的由来和中国政府解决台湾问题的基本方针。

为促进两岸关系的发展，早日实现祖国统一大业，1995年春节前夕，江泽民发表《为促进祖国统一大业的完成而继续奋斗》的重要讲话，就现阶段进一步发展两岸关系、推进祖国和平统一进程提出八项主张。主要内容是：1. 坚持一个中国原则。中国的主权和领土绝不容许分割。任何制造"台湾独立"的言行和违背一个中国原则的主张，都应坚决反对。2. 对于台湾同外国发展民间性经济文化关系，我们不持异议。但是，反对台湾以搞"两个中国""一中一台"为目的的所谓"扩大国际生存空间"的活动。3. 进行海峡两岸和平统一谈判。在一个中国的前提下，什么问题都可以谈，包括台湾当局关心的各种问题。4. 努力实现和平统一，中国人不打中国人。5. 大力发展两岸经济交流与合作，以利于两岸经济共同繁荣，造福整个中华民族。应当采取实际步骤加速实现直接"三通"，促进两岸事务性商谈。6. 中华文化始终是维系全体中国人的精神纽带，也是实现和平统一的一个重要基础。两岸同胞要共同继承和发扬中华文化的优秀传统。7. 充分尊重台湾同胞的生活方式和当家做主的愿望，保护台湾同胞一切正当权益。8. 欢迎台湾当局的领导人以适当身份前来访问；我们也愿意接受台湾方面的邀请前往台湾。这八项主张秉持邓小平"和平统一、一国两制"方针的一贯性和连续性，充分阐明了中国政府在发展两岸关系、促进祖国统一上以国家民族大义为重，尊重历史与现实，是解决台湾问题的纲领性文件。

八项主张公布后，引起了海内外的高度关注。但是，台湾当局却倒行逆施，走上了分裂和"台独"之路，不断向前发展的两岸关系受到严重威胁。1995年6月7日至12日，李登辉到美国活动，公开发布"中华民国在台湾"等台独言论，与此相配合，台湾方面连续举行针对大陆的"军事演习"。面对台湾当局不断加剧的分裂活动，大陆坚决开展了"反分裂反台独斗争"，采取了舆论、政治、军事、外交等手段，维护国家主权和领土完整。

# 七、发展面向新世纪的外交关系

进入20世纪90年代以后，中国外交工作主要面临三项任务：一是应对随多极化趋势发展带来的国际关系的种种变化；二是反对各种霸权主义和强权政治行径，维护世界和平，推动建立更加公正合理的国际政治经济新秩序；三是应对经济全球化趋势和高科技迅速发展给中国带来的影响。根据上述任务的要求，中国经过积极有效的努力，基本构筑了面向新世纪的全方位、多层次的外交格局。既考虑到同大国和同发达国家的关系，也考虑同周边国家和广大发展中国家的关系；既重视发展与各国的双边关系，也积极开展多边外交活动。

稳定和发展同大国与发达国家的关系，对于中国的现代化建设、对于维护世界的和平与发展具有重要意义。1990年代中期，中国领导人提出，要积极致力于发展以不结盟、不对抗、不针对第三方为主要特征的新型大国关系。依据这一原则，中国先后与俄、美、法、英等国建立了面向21世纪具有战略意义的双边关系基本框架。俄罗斯是中国最大的邻邦，两国有着长达4000公里的陆地边界，交往历史悠久。1991年底中俄建交后，中苏关系向中俄关系平稳过渡。1992年，中俄宣布互为友好国家。1997年，中俄两国签署《关于世界多极化和建立国际新秩序的联合声明》，宣布"决心发展平等信任的、面向21世纪的战略协作伙伴关系"。1991年到1999年，中俄通过谈判，较好地解决了大部分地段的边界问题。2001年，签署《中俄睦邻友好合作条约》，表达双方成为好邻居、好伙伴、好朋友的强烈意愿。

世纪之交的中美关系几经风雨，但总的趋势是不断向前发展的。中国领导人一贯强调，要用战略眼光和长远观点来审视中美关系，坚持以中美三个联合公报作为发展双方关系的基础，主张按照相互尊重、平等协商、求同存异的精神，正确处理两国间的分歧，积极寻求共同利益的汇合点。1997年10月，江泽民对美国进行国事访问，结束了中美关系长达8年的困难局面，双方宣布将共同致力于建立面向21世纪的建设性战略伙伴关系。

自1991年中国同西欧的关系基本恢复正常后，进入了稳步发展的阶段。中欧首脑频繁互访，有力地推动了双方关系的发展。1994年9月，江泽民在访法期间提出了中国与西欧关系的四项原则，表示愿面向21世纪，发展长期稳定的友好合作关系。1997年，中法决定建立面向21世纪的全面伙伴关系。1998年，中英宣布建立全面伙伴关系。欧盟作为重要的地区性组织，积极呼应中国发展中欧关系意愿。1998年，中国—欧盟首次领导人会晤在伦敦举行，双方发表联合声明，强调中欧愿建立面向21世纪的长期稳定的建设性伙伴关系。欧盟决定，把对华关系提升到与美、日、俄同等重要的水平，加强中欧政治对话和经贸等领域的合作与交流。

中国和日本是一衣带水的邻邦。1998年，江泽民对日本进行国事访问，这是中国国家元首历史上首次访问日本。中日领导人就21世纪两国关系的发展达成共识，发表联合公报宣布建立致力于和平与发展的友好合作伙伴关系。

积极发展同周边国家的睦邻友好关系，维护和平与稳定，促进共同发展，是中国外交的重要目标之一。1996年，中国成为东盟全面对话伙伴国。1997年底，双方发表了《中国—东盟首脑会议联合声明》，确定了双方建立面向21世纪的睦邻互信伙伴关系的目标和指导双方关系的原则。1997年亚洲金融危机爆发后，中国坚持履行人民币不贬值的承诺，并通过双边和多边渠道向有关国家提供援助，受到国际上的广泛赞誉。

巩固和发展与南亚各国的友好合作关系是中国稳定周边的重要组成部分。1996年11月，江泽民实现了中印建交以来中国国家元首的首次访印。访印期间，江泽民提出了中国与南亚各国共同构筑面向未来的长期稳定的睦邻关系的五点主张。中国和巴基斯坦也宣布共同构筑面向21世纪的全面合作伙伴关系。2002年初，阿富汗新政府成立，中国政府立即给予承认和支持。

苏联解体后，各加盟共和国分别独立。1992年初，中国与中亚五国建交。1996年4月，中国、俄罗斯、哈萨克斯坦、吉尔吉斯斯坦、塔吉克斯坦五国元首在上海签署了关于在边境地区加强军事领域信任的协定。2001年6月，中、俄、哈、吉、塔五国加上乌兹别克斯坦共六国元首签署《"上海合作组织"成立宣言》，就共同打击恐怖主义、极端主义和分裂主义"三股势力"达成共识。"上海合作组织"机制形成，首创了以相互信任、裁军与合作安全为内涵的新型安全观，提供了以大小国家共同倡导、安全先行、互利协作为特征的新型区域合作模式中国关注朝鲜半岛的和平与稳定，一贯主张朝鲜北南双方通过对话改善关系。中国参与了有关朝鲜半岛安全机制的磋商与对话，参加了旨在建立半岛和平机制的中、朝、韩、美四方会谈，以及谈判解决朝核问题的中、朝、韩、美、俄、日六方会谈。

在实施稳定周边战略的同时，中国也加强了同非洲、拉丁美洲等世界上其他地区发展中国家在各个领域的友好合作关系，相互了解日益加深，经贸关系稳步扩大。

进入20世纪90年代，中国的多边外交日趋活跃，其中一项重要内容是进行加入世界贸易组织的谈判。中国"复关"和加入世贸组织的谈判历时15年，最终同有关各方达成了协议。2001年11月10日，在卡塔尔首都多哈举行的世界贸易组织第四届部长级会议以全体协商一致的方式，审议并通过了中国加入世贸组织的决定。这是中国改革开放进程中具有历史意义的一件大事，标志着中国对外开放进入一个新阶段。

中国以开放的姿态发起和参加了一系列地区多边组织。2001年10月，亚太经合组织（APEC）第九次领导人非正式会议在上海举行。这是有史以来中国举办级别最高规模最大的一次国际会议，也是"9·11"事件后最大规模的世界领导人会议。

中国外交取得的成就令人瞩目，为维护世界和平与稳定、促进共同进步和发展作出了贡献，极大地提升了中国的国际形象和国际地位。世界格局多极化和经济全球化的进一步发展、中国与邻国关系的进一步改善，也为中国经济发展提供了有利的国际环境和新的机遇，也为加快改革开放和现代化建设奠定了基础。

# 小 结

　　1992至2002的十年，是中国基本上建立起社会主义市场经济的十年。按照中共十四大和十五大确立的社会主义市场经济改革目标、规划和跨世纪战略部署，中国的改革和开放都取得了突破性进展：国有企业、财税、金融改革，西部大开发，加入世界贸易组织，以及高等教育的大发展等，都为经济和社会发展注入了活力和动力，而中国在世界抵御亚洲金融危机中发挥的重要作用和香港、澳门的回归，也大大提高了中国的国际影响力。

# 第四章
# 改革开放继续深化和全面建设小康社会
# (2002—2012)

　　中共十六大提出中国进入全面建设小康社会、加快推进社会主义现代化的发展阶段。中国坚持社会主义市场经济改革方向，坚持对外开放的基本国策，改革开放的深度和广度得到进一步拓展。中国成功应对了突如其来的非典疫情和国际金融危机等风险挑战，提出以科学发展观为指导、建立和谐社会和"两型"社会①，经济发展速度是新中国建立以来最快的十年，总量先后超过德国和日本，成为世界第二经济大国。尤其是取消农业税和实行"反哺"政策，缓解了经济和社会发展的不平衡问题。这个阶段，虽然民主法治建设、文化建设、社会建设等多项事业全面发展，但是党风廉政建设则不尽如人意，腐败问题没有得到有效遏制。

----

① 即"资源节约型、环境友好型"社会。

# 一、全面建设小康社会纲领和科学发展观

## （一）中共十六大和全面建设小康社会纲领

在开始实施社会主义现代化建设第三步战略的新形势下，2002年11月，中国共产党召开了第十六次全国代表大会，提出了全面建设小康社会的奋斗目标。十六大提出：全面建设小康社会，最根本的是坚持以经济建设为中心，不断解放和发展社会生产力。根据世界经济科技发展新趋势和中国经济发展新阶段的要求，21世纪头20年经济建设和改革的主要任务是，完善社会主义市场经济体制，推动经济结构战略性调整，基本实现工业化，大力推进信息化，加快建设现代化，保持国民经济持续快速健康发展，不断提高人民生活水平。前10年要全面完成"十五"计划和2010年奋斗目标，使经济总量、综合国力和人民生活水平再上一个大台阶，为后10年的更大发展打好基础。2002年至2012年，在科学发展观指导下，坚持以经济建设为中心，紧紧抓住和用好发展的重要战略机遇期，深化社会主义市场经济体制改革，战胜一系列重大挑战，开拓了经济发展的广阔空间，促进国民经济实现新跨越。

中共十六大还通过了关于《中国共产党章程（修正案）》的决议，把"三个代表"重要思想同马克思列宁主义、毛泽东思想、邓小平理论一道确立为党必须长期坚持的指导思想。突出了"三个代表"重要思想对新形势下党的工作和党的建设的指导作用，坚持了与时俱进和改革创新的精神。

**（二）科学发展观和构建社会主义和谐社会**

中共十六大结束后不久，2002年12月5日至6日，胡锦涛率领中央书记处的同志到革命圣地西柏坡学习考察。胡锦涛明确指出，此行的目的是回顾党带领人民进行伟大斗争的历史，重温毛泽东倡导的'两个务必'。在西柏坡学习考察的讲话中，胡锦涛第一次明确提出"权为民所用、情为民所系、利为民所谋"的重要论断。正在举国上下按照十六大的部署推进改革开放事业时，2003年2月，"非典"疫情在广东部分地区流行，3月上旬蔓延到华北地区，4月中下旬在全国呈爆发状态，全球有30多个国家也出现了疫情，给经济社会发展带来严重冲击。中国共产党领导社会各界不懈努力，有效控制了疫情，到6月24日，世界卫生组织宣布解除对北京的旅行警告，抗击"非典"取得成功。"非典"疫情引发了人们对中国社会经济发展突出矛盾的深入思考，中共中央适时提出了科学发展观。

2003年8月28日至9月1日胡锦涛在江西考察工作时，明确使用了"科学发展观"概念。随后，十六届三中全会通过的《中共中央关于完善社会主义市场经济体制若干重大问题的决定》中，首次明确提出关于科学发展观的概念，即坚持以人为本，树立全面、协调、可持续的发展观，促进经济社会和人的全面发展。此后，由于国际金融危机不断蔓延、国内经济增速持续下滑，"保增长、保稳定、保民生"任务日益严峻。形势要求在前几年的基础上，应对世界大发展大变革大调整的总体趋势，用科学发展观武装全党、指导实践的工作提升到一个新水平。中共十七大将邓小平理论、"三个代表"重要思想以及科学发展观等重大战略思想概括为"中国特色社会主义理论体系"，将科学发展观写入党章，明确了科学发展观在十六大以来党的创新理论中的核心地位，并作出在全党开展深入学习实践科学发展观活动的决策。

2008年2月至8月，苏、赣、川以及中组部等23个单位先行试点。9月14日，中共中央下发《关于在全党开展深入学习实践科学发展观活动的意见》，对活动作出具体部署。19日，全党深入学习实践科学发展观活动动员大会暨省部级主要领导干部专题研讨班开班式在北京召开，活动正式启动。活动自上而下分三批展开，每批时间半年左右。第一批包括中央和国家机关、省（自治区、直辖市）党政机关等；第二批包括市、县一级党政机关以及高等学校等；第三批包括乡（镇）、村以及街道、社区等。活动分三个阶段进行，每个阶段各有三个环节：第一阶段是学习调研，重点抓学习培训、深入调研、围绕科学发展进行解放思想讨论三个环节；第二阶段是分析检查，重点抓召开领导班子专题民主生活会、形成领导班子分析检查报告、组织群众评议三个环节；第三阶段是整改落实，重点抓制定整改落实方案、集中解决突出问题、完善体制机制三个环节。

2010年2月底，学习实践科学发展观活动基本结束，在最后阶段进行了总结和满意度测评，再根据测评情况进一步完善整改措施。活动前后历时1年半。共有370多万个党组织、7500多万名党员参加，在参加人数和规模上均超过了3年多前结束的保持共产党员先进性教育活动。科学发展观在实践中不断丰富和完善，推动了经济社会的又好又快发展。

2004年9月，中共十六届四中全会正式提出"构建社会主义和谐社会"的概念。2006年10月，中共十六届六中全会通过《中共中央关于构建社会主义和谐社会若干重大问题的决定》，提出到2020年构建社会主义和谐社会的目标和主要任务：社会主义民主法制更加完善，依法治国基本方略得到全面落实，人民的权益得到切实尊重和保障；城乡、区域发展差距扩大的趋势逐步扭转，合理有序的收入分配格局基本形成，家庭财产普遍增加，人民过上更加富足的生活；社会就业比较充分，覆盖城乡居民的社会保障体系基本建立；基本公共服务体系更加完备，政府管理和服务水平有较大提高；全民族的思想道德素质、科学文化素质和健康素质明显提高，良好道德风尚、和谐人际关系进一步形成；全社会创造活力显著增强，创新型国家基本建成；社会管理体系更加完善，社会秩序良好；资源利用效率显著提高，生态环境明显好转；实现全面建设惠及十几亿人口的更高水平的小康社会的目标，努力形成全体人民各尽其能、各得其所而又和谐相处的局面。

构建社会主义和谐社会的提出表明，中国特色社会主义事业的总体布局由社会主义经济建设、政治建设、文化建设三位一体发展为社会主义经济建设、政治建设、文化建设、社会建设四位一体。

# 二、中共十七大和全面建设小康社会的新部署

中共十六大后，面对复杂多变的国际形势和国内艰巨的改革发展稳定任务，中国共产党带领全党全国各族人民开创了中国特色社会主义事业新局面。经济大幅提升，改革开放取得重大突破，人民生活显著改善，不断取得全面建设小康社会的新成就。与此同时，中国的改革和发展还面临一些突出问题：经济增长的资源环境代价过大、城乡区域经济社会发展仍不平衡、农业稳定发展和农民增收仍有困难等。中共十七大在新的历史起点上，提出了全面建设小康社会的新部署。

2007年10月15日至21日，中共十七大在北京举行。大会主题是：高举中国特色社会主义伟大旗帜，以邓小平理论和"三个代表"重要思想为指导，深入贯彻落实科学发展观，继续解放思想，坚持改革开放，推动科学发展，促进社会和谐，为夺取全面建设小康社会新胜利而奋斗。大会回顾了十六大以来党和国家事业的新进展，总结了改革开放的历史进程和宝贵经验，阐述了科学发展观的科学内涵和根本要求，明确了实现全面建设小康社会奋斗目标的新要求，对中国经济建设、政治建设、文化建设、社会建设、生态文明建设和党的建设作出了全面部署。

中共十七大指出，十一届三中全会开启了改革开放历史新时期。新时期最鲜明的特点是改革开放，最显著的成就是快速发展，最突出的标志是与时俱进。改革开放是党在新的历史条件下带领人民进行的新的伟大革命，目的就是要解放和发展生产力，实现国家现代化。在当代中国，坚持中国特色社会主义道路，就是真正坚持社会主义；坚持中国特色社会主义理论体系，就是真正坚持马克思主义。

大会对举什么旗、走什么路这一关系党和国家事业发展的根本问题作了明确回答，指出中国特色社会主义伟大旗帜，是当代中国发展进步的旗帜，是全党全国各族人民团结奋斗的旗帜。解放思想是发展中国特色社会主义的一大法宝，改革开放是发展中国特色社会主义的强大动力，科学发展、社会和谐是发展中国特色社会主义的基本要求，全面建设小康社会是党和国家到2020年的奋斗目标，是全国各族人民的根本利益所在。

中共十七大提出了实现全面建设小康社会奋斗目标的新要求：增强发展协调性，努力实现经济又好又快发展；扩大社会主义民主，更好保障人民权益和社会公平正义；加强文化建设，明显提高全民族文明素质；加快发展社会事业，全面改善人民生活；建设生态文明，基本形成节约能源资源和保护生态环境的产业结构、增长方式、消费模式。

中共十七大提出以改革创新精神全面推进党的建设新的伟大工程，使党始终成为中国特色社会主义事业的坚强领导核心。深入学习贯彻中国特色社会主义理论体系，着力用马克思主义中国化最新成果武装全党；继续加强党的执政能力建设，着力建设高素质领导班子；积极推进党内民主建设，着力增强党的团结统一；不断深化干部人事制度改革，着力造就高素质干部队伍和人才队伍；全面巩固和发展先进性教育活动成果，着力加强基层党的建设；切实改进党的作风，着力加强反腐倡廉建设。

中共十七大还审议通过了《中国共产党章程（修正案）》，决定把科学发展观作为中国特色社会主义理论体系的重要组成部分载入党章，党的各级代表大会代表实行任期制也被写入党章。

# 三、推进民主法治建设和政治体制改革

改革开放后，中国经济社会取得了极大的发展与进步，但随之而来的政治体制与经济发展之间的矛盾也逐步呈现出来，这种矛盾阻碍着社会发展的速度和质量，改革是必选之路。

中共十六大提出，必须在坚持四项基本原则的前提下，继续积极稳妥地推进政治体制改革，扩大社会主义民主，健全社会主义法制，建设社会主义法治国家，巩固和发展民主团结、生动活泼、安定和谐的政治局面。2004年9月9日，中共十六届四中全会审议通过《中共中央关于加强党的执政能力建设的决定》，提出要把我们党建设成为科学执政、民主执政、依法执政的执政党。在实践的基础上，十七大提出，坚定不移发展社会主义民主政治，明确政治体制改革作为我国全面改革的重要组成部分，必须随着经济社会发展而不断深化，与人民政治参与积极性不断提高相适应。

中共十六大后，中国积极稳妥推进政治体制改革，取得重大进展。人民民主权利得到充分保障。2004年3月14日，十届全国人大二次会议通过《中华人民共和国宪法修正案》，"国家尊重和保障人权"写入宪法。2004年3月22日，国务院印发《全面推进依法行政实施纲要》，提出经过十年左右坚持不懈的努力，基本实现建设法治政府的目标。2010年3月，修改后的选举法明确实行城乡按相同人口比例选举人大代表这一重要原则。到2010年底，中国制定现行有效法律236件，行政法规690多件，地方性法规8600多件，中国特色社会主义法律体系已经形成，为依法治国提供了制度保障。这些都体现了中国充分保障人民民主权利的进程。2008年12月，中共中央转发《中央政法委员会关于深化司法体制和工作机制改革若干问题的意见》，从优化司法职权配置、完善宽严相济刑事政策、加强政法队伍建设、改革司法保障体制等方面，提出60项改革任务，司法体制机制改革取得重要阶段性成果。2012年3月通过的刑事诉讼法修正案写入尊重和保障人权等内容，同时完善了询问犯罪嫌疑人、被告人的规定，强化对侦查活动的监督。

2012年11月，合肥市庐阳区某社区的居民正在投票选举社区"当家人"。

基层群众自治健康发展。中共十七大把"基层群众自治制度"作为中国特色社会主义政治发展道路的重要内容，基层民主自治体系日趋完善。2010年10月28日，《中华人民共和国村民委员会组织法》通过，确立了村务监督委员会制度，使民主选举、民主决策、民主管理、民主监督落到了实处。

政府运行走向阳光化，更为法治规范。中共十六大后，2003年和2008年集中进行了两次行政管理体制改革。国务院经过5次清理，共取消和调整行政审批事项2183项。行政复议和行政诉讼制度建设，让"民告官"成为可能。2008年5月，《中华人民共和国政府信息公开条例》实施，县级以上各级人民政府和部门主动公开"三公经费"等政府信息，这让老百姓的监督有规可依。各级人大"开门立法"、政府部门召开公共事务听证会成为新鲜事物，领导干部和行政执法接受过错责任追究，权力戴上了"紧箍咒"。2005年4月，《中华人民共和国公务员法》明确了公务员的9项基本义务和16项纪律规范。2010年10月，国务院发布《国务院关于加强法治政府建设的意见》，规定了提高行政机关工作人员特别是领导干部依法行政的意识和能力、加强和改进制度建设、坚持依法科学民主决策、严格规范公正文明执法、全面推进政务公开、强化行政监督和问责、依法化解社会矛盾纠纷等7个方面的任务。2012年4月，公布了事业单位分类推进改革指导意见，以进一步满足人民公益服务需求。经过改革，人民群众的知情权、参与权、表达权和监督权得以充分保障，人民实现了内容广泛的当家做主。

# 四、经济体制改革继续深入

这一时期，中国社会主义市场经济体制初步建立，但在市场体系建设方面还有待完善，主要问题表现为，市场秩序有待规范、生产要素市场发展滞后、市场规则不统一、市场竞争不充分等，加之需要应对外部世界金融危机影响，改革在继续突破中。

## （一）应对世界金融危机

2007年上半年，由于房地产按揭贷款环节断裂引发的次贷危机、金融危机从美国开始，反映了美国金融秩序与金融创新的失衡、金融监管缺位。2008年3月，贝尔斯登被摩根大通以2.4亿美元低价收购，次贷危机持续加剧。9月，美国政府宣布接管两大房贷融资机构房利美和房地美，雷曼兄弟宣布申请破产保护。危机由此很快蔓延到资本主义各国，经济基本面普遍出现问题，全球股市持续下跌，世界经济陷入二战以来最严重的衰退。在全球金融经济一体化背景下，到2008年春天，金融危机对中国宏观经济形势产生了明显影响。中国的经济发展受到抑制，增长速度放缓。2008年7月至年底，央行调整金融机构宏观调控措施，连续三次下调存贷款基准利率，两次下调存款准备金率，取消对商业银行信贷规划的约束，并引导商业银行扩大贷款总量。面对持续加深的国际金融危机，2008年11月5日，中国决定采取积极的财政政策和适度宽松的货币政策予以应对。从2009年第一季度开始，中国政府实施了4万亿大规模投资计划。这些政府投资引导和带动社会投资增长，从而刺激了经济增长，为中国经济持续稳定发展起到了重要作用，中国经济增长持续回升，国内需求稳定，2009年国内生产总值比2008年增长8.7%，2010年又比2009年增长了10.3%。基于经济回升的新形势，2010年12月，中央经济工作会议对宏观经济政策作了微调，在实施积极的财政政策和稳健的货币政策的同时，增强宏观调控的针对性、灵活性、有效性，更加积极稳妥地处理好保持经济平稳较快发展、调整经济结构和管理通胀预期的关系。国际金融危机爆发后，世界主要经济体增长明显放缓甚至面临衰退，中国经济的增速和率先回升，经济总量占世界的份额由2002年的4.4%提高到2011年的10%左右。中国成为带动世界经济复苏的重要引擎，对世界经济的贡献不断提高。同时，国际金融危机凸显了中国通过深化改革突破旧有经济发展模式，探求经济可持续发展之路的必要性和紧迫性，中国的经济体制改革继续实现新突破。

## （二）各类经济体制改革的新进展

### 1. 农村体制改革

进入新世纪，农业和农村发展中还存在着许多矛盾和问题，突出的是农民增收困难，城乡二元结构长期积累了各种深层次矛盾，城乡居民收入差距仍在不断扩大。农民收入长期上不去，不仅影响农民生活水平提高，而且影响粮食生产和农产品供给；不仅制约农村经济发展，而且制约整个国民经济增长；不仅关系农村社会进步，而且关系全面建设小康社会目标的实现；不仅是重大的经济问题，而且是重大的政治问题。为推动现代农业和社会主义新农村建设，2003年各地区各部门加大了解决"三农"问题的力度。农村税费改革在全国范围展开，城乡分割的户籍制度进一步打破。从2004年开始，中央再次发出关于农业和农村问题的"一号文件"，从2004年到2013年，"一号文件"的主题分别为：千方百计促进农民增收、提高农业综合生产能力、建设社会主义新农村、发展现代农业、加强农业基础设施建设、保持农业农村经济平稳较快发展、加大统筹城乡发展力度、加快水利改革发展、加快推进农业科技创新、加快发展现代农业进一步增强农村发展活力等。十六大后经济社会又好又快的持续发展，也为农村改革的深化奠定了物质基础。按照"一号文件"的顶层设计，中国政府实施了一系列强农惠农富农的重要政策措施。2004年起，中国建立对农民的直接补贴制度。2005年10月，十六届五中全会提出按照"生产发展、生活宽裕、乡风文明、村容整洁、管理民主"的要求建设社会主义新农村。2006年1月1日，中国取消了农业税，中国农民告别了延续2600多年的农业税制度。9月，河北农民王三妮自筹资金铸造"告别田赋鼎"，用这种特殊方式表达内心喜悦。2007年起，全面推行农村义务教育经费保障机制，全国1.48亿农村义务教育阶段学生全部免除学杂费。2008年10月，十七届三中全会通过《中共中央关于推进农村改革发展若干重大问题的决定》，要求大力推进改革创新，加强农村制度建设，积极发展现代农

2004年6月5日，泰州市高港区刁铺镇一位农民从镇民政会计手中领到了低保金。

业，提高农业综合生产能力，加快发展农村公用事业，促进农村社会全面进步。国家还进一步推进了包括乡镇机构、乡镇财政管理机制等的农村综合改革，集体林权制度也取得积极进展。改革让广大农民更多地享受到经济增长的成果。按照广覆盖、保基本、多层次、可持续的原则，中国政府积极构建农村社会保障制度基本框架，改变了农村无社会保险的局面。按1196元人民币的贫困线标准计算，从2002到2010年，农村贫困人口从8645万人减少到2688万人，占农村人口的比重从9.2%下降到2.8%。同时，在农村全面建立最低生活保障制度、完善五保供养办法、制定贫困残疾人扶持措施，即便没有劳动能力的农村居民，其基本生活也有了兜底式保障。

2011年，《中国农村扶贫开发纲要（2011—2020年）》发布，指出到2020年稳定实现扶贫对象不愁吃、不愁穿，保障其义务教育、基本医疗和住房。贫困地区农民人均纯收入增长幅度高于全国平均水平，基本公共服务主要领域指标接近全国平均水平，扭转发展差距扩大趋势。农村金融改革深入推进，农村金融服务水平逐步改善。

中共十六大后，农业和农村内外部环境发生深刻变化，新一轮农业改革释放出巨大活力。农业结构稳步调整，农村经济稳步发展，农村改革稳步推进，农民收入稳步增加，中国农村发展进入一个新阶段。综合来看，本轮农村改革不再是单纯的农村经济领域的改革，而是与经济体制改革相配套的一系列改革尝试。农村金融方面，农业银行"三农事业部"改革试点推进，农村信用社改革取得阶段性成果，成立互助资金，新型农村金融组织迅速发展。集中规划农村建设，完善公共服务设施，推行农村社区化建设、创新乡村治理模式，发挥农民自主权等成效显著。2011年，中央财政"三农"支出超过1万亿元，全国农村居民人均纯收入实际增速为1985年以来最高，实际增速连续两年快于城镇居民。

2. 金融体制改革

这一阶段，金融体制改革稳步推进。2008年国际金融危机发生后，国内外经济形势极为复杂严峻，改革在危机应对中继续深化，完成了一系列具有里程碑意义的重大金融改革。中国加入世界贸易组织后，增强国有商业银行的国际竞争力，提高金融业综合实力和抗风险能力成为当务之急。2004年，国有商业银行股份制改革开始。中国工商银行、中国银行、中国建设银行、交通银行按照核销损失、剥离不良、注入资本、公开上市四个步骤，分别完成了股份制改造并在上海和香港成功上市。2009年1月，中国农业银行股份有限公司成立，并于2010年7月上市，这标志着中国大型商业银行股份制改革基本完成。改革后的大型商业银行面貌一新，公司治理逐步健全，风险管控能力和盈利能力显著提高。大型国有保险公司也基本完成改制，部分已成功上市。金融业资本市场进一步开放，证券公司综合治理等多项金融改革试点取得突破。

人民币汇率形成机制和利率市场化改革也是本轮金融体制改革的重点。2005年7月，人民币汇率形成机制改革按照主动性、可控性、渐进性的原则启动，实行以市场供求为基础、参考一篮子货币进行调节、有管理的浮动汇率制度。在国际金融危机冲击十分严重的时候，人民币汇率保持基本稳定，不参与竞争性贬值，为抵御危机冲击、促进全球金融稳定和经济再平衡发挥了积极作用。2009年4月，国务院决定在上海等地开展跨境贸易人民币结算试点，2011年8月，试点地区扩大到全国范围，此项改革受到企业的欢迎。人民币汇率形成机制改革促进了中国外贸结构、产业结构的优化升级，促进了国际收支基本平衡，为推进人民币资本项目可兑换奠定了重要基础。中国与14个国家和地区签署了总额为1.3万多亿元人民币的双边本币互换协议，跨境贸易人民币结算金额达到2.6万亿元，人民币国际地位明显提升。这充分证明汇改符合中国国情和国家利益。利率市场化改革也有序推进，放宽了人民币贷款利率上限和存款利率下限，放开外币存贷款利率，建立货币市场基准利率体系。

国际金融危机凸显了金融监管的紧迫性和有效性，为保障中国金融的安全稳定，银行、证券、保险分业监管体制得到完善。中国积极借鉴国际监管理念和标准，改进监管方式和手段，突出合规监管和风险监管，对系统性风险隐患早发现、早干预，监管的有效性明显增强。强化市场基础性制度建设，推动完善企业公司治理，金融机构和上市公司的规范运作水平得到提升。为促进证券市场有序、健康发展，设立证券投资者保护基金、期货投资者保障基金和保险保障基金，初步建立市场化的风险救助机制。有效化解一些高风险金融机构的风险隐患，查处了一批内幕交易、非法集资、地下钱庄、洗钱等违法违规案件。全国人大常委会修订了保险法、外汇管理条例，制定了证券公司监督管理条例、证券公司风险处置条例、期货交易管理条例，基本形成较为全面系统的金融法律制度。金融监管工作的强化，对维护国家经济金融安全、防范国际金融危机带来的风险，发挥了重要保障作用。

经过金融体制改革，银行业、证券业、保险业快速发展，资产质量显著改善，盈利状况持续向好，利率在优化资源配置和货币政策传导中的作用进一步显现，金融业风险抵御能力和服务经济社会发展的能力明显增强。

3. 财税体制改革

中共十六届三中全会明确提出了分步实施税收制度改革的目标和任务，要求进一步改革和完善税收制度，建立更加公平、更加科学的税收体系，为中国经济发展创造更加良好的税收环境。为了扩大国内需求，降低企业设备投资的税收负担，促进企业技术进步、产业结构调整和转变经济增长方式，从2009年1月1日开始，在全国所有地区、所有行业逐步实施由生产型增值税向消费型增值税的转型的改革。新增值税条例的实施改变了以往内资与外资企业征税不公平的情况，国内企业能够充分参与到国际竞争的大环境中去。同时，从根本上改变中国产业结构，使各行业的格局发生巨大变化。

自1994年个人所得税法实施后，随着国民经济的快速发展，个人收入水平的逐年提高，个人所得税成为国家财政收入的重要来源。同时，居民收入分配的差距也呈现出持续扩大的态势，成为内需乏力、结构调整推进困难、发展方式转变缓慢的重要原因，不利于维护社会稳定、促进社会和谐、实现长治久安。中共十六大提出要"更加关注社会公平"、"取缔非法收入，扩大中等收入者比重，提高低收入者收入水平"，中共十七大对分配提出要求："逐步提高居民收入在国民收入分配中的比重，提高劳动报酬在初次分配中的比重"，到2020年使"中等收入者占多数"，并首次指出"初次分配和再分配都要处理好效率和公平的关系，再分配更加注重公平"。因此，加强税收的收入分配功能成为财税体制改革的现实选择。作为对居民收入差距具有调节效应的税种，个人所得税改革提上了议事日程。个人所得税的改革目标是按照简税制、宽税基、低税率、严征管的原则，建立综合与分类相结合的税制，进一步规范和拓宽税基，合理调整税率和级距，适当降低工薪所得税负水平。努力创造条件，建立一套科学高效的征管体系，更好地发挥个人所得税组织财政收入和调节收入分配的作用。改革后的个人所得税减低了中低收入者的税收负担，拉动了消费。

为规范税费制度，成品油税费和资源税改革启动。从2009年1月1日起，成品油税费取消公路养路费等六项收费，逐步有序取消政府还贷二级公路收费，相应提高成品油消费税单位税额。税费是成品油价格的重要组成部分，成品油税费改革成为市场化改革中的重要一环。2010年开始，为促进节能减排和结构调整，资源税改革率先在新疆试点，试点范围从原油、天然气资源税逐步扩大到焦煤资源税，方向是由从量改为从价计征。

这一时期的财税体制改革，有利于促进上下游经营者更好地参与市场竞争，建立一个公平的税收环境，对于新形势下的市场化改革大有裨益。

4. 国有企业和非公经济改革

新世纪后，国有企业改革进入了深层次改革的新阶段，主要内容有国有资产体制改革、现代企业制度的继续深化和资本市场改革。国有资产管理体制改革涉及大量的利益调整和权力重新分配，是这一时期国有企业改革的重点。中共十六大提出深化国有资产管理体制改革的重大任务，明确要求中央和地方两级政府设立专门的国有资产管理机构，履行出资人职责，享有所有者权益、权利、义务和责任相统一，管资产和管人、管事相结合的国有资产管理体制，改变部门分割行使国有资产所有者职能。2003年3月，中央和地方国有资产监督管理委员会分别成立。国资委成立后明确所管辖的大型国有企业要吸引外资和社会资金，实行产权多元化，可以上市募集资金，而且鼓励整体上市，剥离社会职能部分。企业成为独立经营的实体，保持和增加整体实力。中共十六届三中全会又提出建立健全国有资产管理和监督体制，完善公司法人治理结构，加快推进和完善垄断行业改革。

建立"产权清晰、权责明确、政企分开、管理科学"的现代企业制度仍是这一阶段国企改革的方向。中共十六届三中全会首次正式提出并阐述建立现代产权制度问题，对现代企业制度进行发展和补充，提出产权是所有制的核心和主要内容，依法保护各类产权，推动产权有序流转。中共十七大进一步提出，深化国有企业公司制股份制改革，健全现代企业制度，优化国有经济布局和结构，增强国有经济活力、控制力、影响力。深化垄断行业改革，引入竞争机制，加强政府监管和社会监督。加快建设国有资本经营预算制度。完善各类国有资产管理体制和制度。完善各类国有资产管理体制和制度。推进集体企业改革，发展多种形式的集体经济、合作经济。

健全的资本市场能够提供有力的金融支持与有效的金融服务，有利于完善国有企业治理结构和建立现代企业制度，对于国企改革非常重要。"拨改贷"之后，国企直接融资渠道收窄，资本市场成为国有企业不可缺少的资源配置平台。2002年11月，中共十六大提出了"推动资本市场的改革开放和稳定发展"整体方略，阐述了正确处理虚拟经济和实体经济关系的原则。中共十六届三中全会又明确提出"大力发展资本和其他要素市场""积极推进资本市场的改革开放和稳定发展，扩大直接融资"。资本市场以及国有资产管理体系改革最核心的问题是股权分置改革。2004年1月，《国务院关于推进资本市场改革开放和稳定发展的若干意见》发布，肯定了资本市场及其参与者的历史贡献，从战略高度对资本市场给予明确定位，更从改革的具体操作层面作出了规划部署。2005年4月，中国证监会启动了股权分置改革试点工作。到2006年末，股权分置改革基本完成，为企业之间的大额换股并购准备了条件。建立多层次资本市场体系，发展财产、人身保险和再保险市场，稳步发展期货市场，拓展债券市场等方面

2005年6月10日，三一重工股权分置改革方案以高赞成率顺利通过，标志着中国股权分置改革成功打响第一枪。

也取得了重大进展。到2011年底，中国公司信用类债券余额位居世界第三，除原油外，国际市场主要商品期货品种基本都已在中国上市交易。

非公经济经过改革开放后的多年发展，逐步壮大起来，出现了个体、私营、外资与公有制经济相互渗透、相互融合的趋势。2003年，均瑶集团收购宜昌三峡机场，控股东方航空武汉航空公司18%的股份。2005年2月，国务院发布《关于鼓励支持和引导个体私营等非公有制经济发展的若干意见》，正确处理了非公经济与公有制经济的关系，为非公经济的进一步发展扫清了理论认识上的障碍。同时，随着改革开放的深入，经济全球化背景下国际资本的大量流动，民间积累了大量资本，具有强烈的投资需求。

现代产权制度的完善推动中国公有制主导的混合股份制改革，中共十六届三中全会决定，要适应经济市场化不断发展的趋势，进一步增强公有制经济的活力，大力发展国有资本、集体资本和非公有资本等参股的混合所有制经济，实现投资主体多元化，使股份制成为公有制的主要实现形式。所有制改革的进行使得非公经济发展的体制环境得到改善。非公资本参与国企改制，国企改革向纵深推进。2010年，国务院印发《关于鼓励和引导民间投资健康发展的若干意见》，鼓励民间资本以独资、控股、参股等方式投资建设公路、水运、港口码头、民用机场、通用航空设施等项目。非公经济获得了更大的发展空间，社会主义基本经济制度与市场经济在实践中进一步结合。

5. 推进生态文明建设

进入新世纪，尤其是中共十六大以后，中国处于工业化的中后期，在资源短缺、环境形势严峻、人口和技术制约的条件下合理有效推进工业化，是中国面临的重大理论和实践问题。2002年11月，中共十六大提出要走一条新型的工业化道路，并指出要推动整个社会走上生产发展、生活富裕、生态良好的文明发展道路。[①]在2007年召开的中共十七大上，胡锦涛首次提出"生态文明"的概念，并把建设生态文明作为全面建设小康社会奋斗目标的重要要求。十七大还提出了加快转变经济发展方式"三个转变"的目标方向：促进经济增长要由主要依靠投资、出口拉动向依靠消费、投资、出口协调拉动转变；由主要依靠第二产业带动向依靠第一、第

---

① 《十六大以来重要文献选编》（上），中央文献出版社2005年版，第15页。

二、第三产业协同带动转变；由主要依靠增加物质资源消耗向主要依靠科技进步、劳动者素质提高、管理创新转变。基本实现工业化是2020年中国全面建成小康社会的主要任务之一，在加快社会主义现代化进程和全面建设小康社会的过程中，新型工业化和生态问题的重要性凸显。

中共十六大以来的10年，中国政府重点调控了能源、资源密集型重化工业，加大兼并重组和淘汰落后产能力度，促进了工业整体素质和国际竞争力提升。"十一五"期间，全国共淘汰落后炼铁产能1.1亿吨，炼钢产能6800多万吨，水泥产能3.3亿吨，焦炭产能1亿吨，造纸产能1030万吨，玻璃产能3800万重量箱，占全部落后产能的50%左右。在关闭造纸、化工、纺织等重污染企业方面取得积极进展。煤炭、钢铁、水泥等行业兼并重组稳步推进，产业集中度明显上升。

与新型工业化的建设相适应，节能减排和环境保护得到前所未有的重视，经济可持续发展能力不断增强。建设资源节约型、环境友好型社会，加强生态环境保护成为加快转变经济发展方式的重要着力点。2007年财政部、环保总局批准在太湖流域开展水污染物排污权有偿使用和排污交易试点工作。同年，国土资源部等部门在山西、内蒙古等8个产煤省份开展煤炭资源有偿使用制度改革试点。"十一五"规划纲要第一次把节能减排列为约束性指标，经济可持续发展能力不断增强。环境质量持续改善，节能降耗取得明显成效。2011年，城市污水处理率达到82.6%，比2002年提高42.6个百分点。

在坚持共同但有区别的责任原则基础上，中国积极参与生态文明全球合作。在发展中国家中，中国最早通过《21世纪议程》、最早制定《节能减排综合性工作方案》和《应对气候变化国家方案》。2009年，中国又积极参与哥本哈根气候变化大会，并为大会最终达成《哥本哈根协议》发挥了积极作用。这一阶段，能源环境工作逐步纳入法制轨道，有利于节约能

天津市塘沽区紫云公园是利用工业废料建设的环保型公园，是中国循环经济的典范。

源资源和保护生态环境的法律和政策得到完善。经过改革，新型工业化和生态文明建设取得长足的发展，到2012年，第二产业增加值占国内生产总值比重从2002年的44.8%提高到2011年的46.8%。

为适应经济社会发展需要，这一阶段，在经济体制改革方面，国家还推出了以全方位改革为主要特征的综合配套改革试验。2005年，国务院批准上海浦东新区进行综合配套改革试点。到2011年，天津滨海新区综合配套改革试验区、重庆市全国统筹城乡综合配套改革试验区、成都市全国统

筹城乡综合配套改革试验区、武汉城市圈全国资源节约型和环境友好型社会建设综合配套改革试验区、长株潭城市群全国资源节约型和环境友好型社会建设综合配套改革试验区、深圳市综合配套改革试点、沈阳经济区国家新型工业化综合配套改革试验区、山西省国家资源型经济转型综合配套改革试验区和厦门市深化两岸交流合作综合配套改革试验区陆续进行了类型不同的综合配套改革试验,改革进入深化阶段,由享受政策优势转向享有体制优势。

通过各项经济体制改革,中国经济持续较快发展。2003—2011年,国内生产总值年均实际增长10.7%,其中有6年实现了10%以上的增长速度,在受国际金融危机冲击最严重的2009年依然实现了9.2%的增速。2008年国内生产总值居世界第三位;2010年居世界第二位,成为仅次于美国的世界第二大经济体。

### (三)在“加入世贸组织”条件下完善经济开放体系

2001年底中国以发展中国家身份加入世界贸易组织,是中国对外经济以主动姿态融入经济全球化的历史性一步,以此为重要里程碑,中国开放型经济进入了一个快速发展的新阶段。对外开放由有限范围、地域、领域内的开放,转变为全方位、多层次、宽领域的开放;由以试点为特征的政策性开放,转变为在法律框架下的制度性开放;由单方面为主的自我开放市场,转变为中国与世贸组织成员之间的双向开放市场;由被动地接受国际经贸规则的开放,转变为主动参与制定国际经贸规则的开放;由只能依靠双边磋商机制协调经贸关系的开放,转变为多、双边机制相互结合和相互促进的开放。这为我国参与经济全球化开辟了新的道路，为国民经济发展开拓了新的空间。

这个阶段，中国严格履行入世承诺，在世界贸易组织非歧视、透明度、公平竞争等基本原则下调整和修改有关政策法规，进行体制改革，集中体现在以下三方面。

一是进一步降低关税，削减各类非关税壁垒和投资限制。2001年，中国进口商品关税总水平为15.3%，根据承诺，到2005年1月，关税降为9.9%。自2005年1月起，全部取消对424个税号产品的进口配额、进口许可证和特定招标等非关税措施，仅依据国际经济规则保留了为保证生命安全、保护环境实施进口管制产品的许可证管理。从2010年1月1日开始，中国进一步调整进出口关税税则，主要涉及最惠国税率、年度暂定税率、协定税率、特惠税率以及税则税目等方面。2010年，中国关税总水平已经降至9.8%，其中农产品平均税率降至15.2%，工业品平均税率降至8.9%。在降低鲜草莓等6个税目商品进口关税后，中国加入世界贸易组织的降税承诺全部履行完毕。中国积极履行入世推进贸易自由化和贸易投资便利化的承诺，取缔了多项限制性投资措施，扩大了在工业、农业、服务业等的投资领域和投资方式。

二是因应世贸组织规制，完善对外经济开放领域的法律法规体系。集中清理3000多部法律法规和部门规章，减少和规范对外经济运行的行政干预程序；建立健全贸易促进、贸易救济、透明度、贸易政策统一实施等法律体系；与国际贸易规则接轨，如根据世界贸易组织《与贸易有关的知识产权协议》对与知识产权相关的法律法规和司法解释进行修改，基本形成知识产权保护的法律法规体系。

三是以全面放开外贸经营权为中心改革外贸体制。2004年，新修订的《中华人民共和国对外贸易法》规定，自2004年7月起，企业外贸经营权由审批制改为备案登记制，所有对外贸易经营者均可依法从事对外贸易。外贸经营权审批的取消激活了民营企业对外贸易发展活力。2010年，国有企业、外商投资企业和民营企业进出口分别占中国进出口总额的20.9%、53.8%和25.3%。国有企业、外商投资企业和民营企业三大重要主体共同构成外贸经营多元化格局。外贸主管部门理顺职责，从以行政领导为主转变为以服务为主，政府行为更加公开、公正和透明。经过2006年、2008年和2010年世界贸易组织的三次贸易政策审议，中国顺利度过世贸组织过渡期，到2010年，中国加入世界贸易组织的所有承诺全部履行完毕。

这个阶段，中国扩大了在工业、农业、服务业等领域的对外开放，货物贸易、服务贸易、技术贸易的质量和效益进一步提高，中国贸易大国地位进一步巩固。货物贸易总额迈上新台阶。2012年，中国外贸商品结构进一步优化。货物进出口总额居世界第二，货物出口总额20487亿美元，货物进口总额18184亿美元，分别占世界份额的11.2%和9.8%。中国服务贸易扩大了包括金融、电信、建筑、分销、物流、旅游、教育等在内的广泛开放市场，贸易规模增长迅速，贸易结构逐步优化，国际地位不断上升，已开始跻身服务贸易大国行列。技术贸易增长迅速，机电产品和高新技术产品成为主要的贸易增长点，2010年中国高技术产品出口占货物总出口的比重升至31.2%。对外直接投资、对外工程承包、对外劳务合作等形式快速发展，对北美、大洋洲、非洲和亚洲的直接投资增幅最快，非洲和拉美是承包工程与劳务合作业务增幅最大的地区。

外资的引进在世贸组织规制框架下获得高速增长。自2001年底，中国每年新批准的外商直接投资项目年均实际投资金额超过600亿美元。外资深耕中国市场，通过在中国采取研发、制造和营销多管齐下的生产经营模式，向整合和延伸产业链的方向发展。2010年，中国服务业新设立外商投资企业13905家，实际利用外资487亿美元，占全国非金融领域新设立外商投资企业和实际利用外资的比重分别为50.7%和46.1%。

中共十六大明确指出，"实施'走出去'战略是对外开放新阶段的重大举措"。[①]十七大指出，把"引进来"和"走出去"更好地结合起来。[②]随着市场经济体制的基本建立、入世的规则利好、国有企业和民营企业数量规模的壮大，中国加快在世界市场获取技术、资本、人才等资源的"走出去"步伐，扩大与东道国的利益交汇点和优势互补点。这一时期，中国对外直接投资规模呈现高速增长势头，多层次资本市场体系初具规模。自主品牌的建设和提升品牌知名度在中国企业对外直接投资中得到重视。这一时期，形成了华为、海尔等一批拥有自主知识产权的优秀企业。2010年共有54家中国企业进入全球财富500强行列，其中3家进入了前10名。

在迅速发展的区域和次区域经济合作中，构建多层次的自贸区平台，开拓高于世贸组织的对外经济领域是这一时期的亮点，包括周边国家、发展中大国、主要区域经济集团和一些发达国家。2006年启动实施《中国—

---

① 《十六大以来重要文献选编》（上），中央文献出版社2005年版，第22页。
② 《十七大以来重要文献选编》（上），中央文献出版社2009年版，第410页。

智利自由贸易协定》，签订《中国—巴基斯坦自由贸易协定》。2008年，签订《中国—新西兰自贸协定》，这是首个与发达国家的自贸协定。2009年1月1日，《中国—新加坡自由贸易协定》生效，新方取消全部自华进口产品关税。经过2004年的《货物贸易协议》、2009年的《投资协议》，2010年1月1日《中国与东盟自贸协定》全面实施，同年3月，《中国—秘鲁自由贸易协定》实施。2010年4月8日，中国与哥斯达黎加签署《中国—哥斯达黎加自由贸易协定》，中哥双方对90%以上的产品分阶段实行零关税。服务贸易方面，哥方对中方开放45个服务部门，中方对哥方开放7个部门。通过这些自贸区，关税及非关税壁垒大减，如中国与东盟90%的商品实现零关税，中国对东盟平均关税从9.8%降到0.1%。

这一时期，适应世界经济和贸易秩序对中国对外经济的持续、快速增长发挥了重大的正向作用。对外经济开放成果显著。在数量规模上，2004年，中国进出口贸易总额首次突破万亿美元大关，达到11546亿美元。2008年，中国经济总量超过德国，居世界第三位，2010年又上升到第二位，对外经济开放起到了引擎作用。多边贸易体制和世界经济也分享到了中国持续经济繁荣的红利。2012年，中国经济总量占世界的份额11.5%，中国与世界市场的联系更加紧密，以第一大贸易伙伴、第一大投资国、第一大商品出口国等身份与更多的国家实现了共赢。在经济建设层面上，正在进行深化改革的中亚成员国加强在上海合作组织框架内的经济合作，分享中国经济发展的经验，并在中国经济发展的带动下通过共同市场取得快速发展。

加入世贸组织对中国人的日常生活也产生了巨大影响。汽车进入了寻常百姓家。汽车关税从3位数降至13.4%，国产汽车年产销从200多万辆增长到1800万辆，中国一跃成为全球汽车第一产销国。信息化给人们的生活理念和方式带来了全方位的冲击。2012年7月，国务院印发《"十二五"国家战略性新兴产业发展规划》，提出实施宽带中国工程，要求到2015年城市和农村家庭分别实现平均20兆和4兆以上宽带接入能力。电信等行业蓬勃发展，手机成为中国人生活的必备品。到2012年12月底，中国网民规模5.64亿人，互联网普及率达到42.1%，手机网民规模为4.2亿人。

总的来看，这一时期对外经济发展平稳，虽然存在一些问题，但都不是主流。如在快速发展中，环境保护、反市场垄断、国家经济安全等一些问题凸显出来。中国同贸易伙伴反倾销、反补贴、技术性贸易壁垒等非关税壁垒的贸易摩擦有所增加，在贸易救济措施、世贸组织争端解决、美国337条款调查等方面还需谈判解决。东部地区和中西部地区对外经济开放不平衡也有所扩大。

# 五、推进以改善民生为重点的社会改革

2004年，中共十六届四中全会第一次提出"构建社会主义和谐社会"，围绕构建社会主义和谐社会的目标，改革更加注重向社会领域倾斜。中共十七大提出，要"努力使全体人民学有所教、劳有所得、病有所医、老有所养、住有所居"。以改革开放后积累的物质条件为基础，进入新世纪，在经济发展的同时，切实保障和改善民生的社会改革也在深入进行。

教育体制改革。作为世界上最大的发展中国家，中国有着世界最大教育规模，教育资源相对短缺，如何兼顾公平与效率成为改革的难点。2006—2008年三年间，中国全面实现了城乡免费义务教育。2006年，新修订的《义务教育法》明确了各级政府举办义务教育的责任，将义务教育所需经费全面纳入财政保障范围。2007年，农村义务教育阶段学生学杂费全面免除。从2008年秋季学期开始，城市义务教育阶段学生学杂费全面免除，"两免"使全国从乡村到城市真正实现了免费义务教育。中等职业院校的贫困学生和涉农专业学生、高等教育部分师范院校的师范生也逐步实现了免费教育，如从2007年秋季开始，国家在6所教育部部属师范大学实

春季开学第一天，安徽省固镇一小学四年级的学生领到政府免费提供的新课本，喜气洋洋。

行师范生免费教育。2002—2012的10年，中央财政为实施免费义务教育累计投入经费5000多亿元。全国教育经费总投入从2002年的5480亿元增加到2010年的1.96万亿元，增长了3.6倍，年均增幅约17%。中共十六大以后，中国教育"走出去"的步伐加快。10年间，中国与近200个国家建立教育交流合作关系，与俄罗斯、美国、欧盟等国家和地区建立人文交流高层磋商机制，与39个国家和地区签署了学历学位互认协议，出国留学人员总数达到142万，遍及100多个国家和地区，培育出一大批具有国际视野、通晓国际规则、能够参与国际事务和国际竞争的国际化人才。

就业和社会保障体制改革。2002—2012的10年，是中国就业和社会保障事业发展最快的一个时期。党和政府把促进就业作为关系改革发展稳定全局的重大战略任务，就业体制改革不断深化。自2002年后，国家实施更加积极的就业政策。《关于进一步做好下岗失业人员再就业工作的通知》发布，将政府的工作重点从保障下岗失业人员基本生活转到促进就业上来。2005年，积极就业政策的覆盖面进一步扩展。2007年，全国人大审议通过并颁布了《就业促进法》，明确规定"促进经济发展与扩大就业相协调"，促进就业的政策体系、制度和机制纳入法制化轨道。2008年，为应对汶川地震等重大自然灾害和国际金融危机，中国进一步丰富完善政策内容，形成更加积极的就业政策。2009年2月，国务院下发《关于做好当前经济形势下就业工作的通知》，提出发展经济拉动就业、帮扶企业稳定就业、政策扶持鼓励创业、重点人群统筹就业、特别培训提高技能、加强服务促进就业。2011年，"十二五"规划纲要提出把实现充分就业作为经济社会发展的优先目标。通过改革，就业规模持续扩大，就业结构逐步优化，就业形势基本稳定。2002年至2011年，中国城镇就业规模增加了11791万人，年均增加1170多万人。国有企业下岗职工再就业问题得到妥善解决，稳步推进数以亿计农村富余劳动力有序转移，有效化解了青年就业高峰压力和重特大自然灾害、国际金融危机对就业的严重冲击。

社会保障制度改革取得突破性进展，中共十六大把社会保障作为全面建设小康社会的重要内容，明确要求建立健全同经济发展水平相适应的社会保障体系。2009年，新型农村社会养老保险的试点启动；2011年，城镇居民社会养老保险试点启动。这两项制度标志着中国覆盖城乡居民社会保障体系的主要制度框架基本建立，数亿人被纳入社会保障覆盖范围。保障水平较大幅度提高，社保基金规模不断壮大，抗风险能力明显增强，人民群众更好地分享了改革的成果。

医疗卫生事业改革。经过抗击非典疫情的严峻考验，在科学发展观指导下，卫生事业发展放在了更加突出的位置。中共十七大确定了人人享有基本医疗卫生服务的奋斗目标。2009年，医药卫生体制改革开始，确定了2009—2020年卫生改革的制度框架、政策思路和目标任务。经过3年的医改，中国95%的城乡居民有了基本医保，基层医疗卫生机构回归公益性，基本公共卫生服务均等化免费提供。2011年全国城乡医疗救助总人次达8887万，救助资金支出186.6亿元。经过改革，覆盖城乡的医疗卫生服务体系基本形成，疾病防治能力不断增强，医疗保障覆盖人口逐步扩大，基本药物制度初步建立，卫生事业得到全面发展，人民群众健康水平显著提高。中国提前实现联合国千年发展目标，居民的健康水平处于发展中国家前列。2010年，新农合开始探索建立重大疾病医疗保障制度。

2002—2012的10年，民生水平大幅度改善，住房保障、人口长期均衡发展等广大群众关心的民生难题也在逐步解决。

# 六、文化体制改革推动文化发展繁荣

　　进入新世纪，经济社会的发展要求建立与社会主义市场经济体制相适应的文化体制。中共十六大提出文化建设和文化体制改革的战略任务，十七大将文化建设与经济建设、政治建设、社会建设作为中国特色社会主义事业"四位一体"总体布局的一个重要方面。2011年10月，中共十七届六中全会通过了《中共中央关于深化文化体制改革、推动社会主义文化大发展大繁荣若干重大问题的决定》，提出了坚持中国特色社会主义文化发展道路，努力建设社会主义文化强国的战略任务，阐释了新形势下推动文化改革发展的指导思想、重要方针、目标任务等。

　　社会主义核心价值观体系建设是这一时期文化改革的重点。2006年10月，中共十六届六中全会第一次明确提出了"建设社会主义核心价值体系"的战略任务。社会主义核心价值体系包括四个方面的基本内容，即马克思主义指导思想、中国特色社会主义共同理想、以爱国主义为核心的民族精神和以改革创新为核心的时代精神、社会主义荣辱观。中共十七大指出"社会主义核心价值体系是社会主义意识形态的本质体现"，中共十七届六中全会又把建设社会主义核心价值体系作为文化改革发展的根本任务。社会主义核心价值观提出后，中国社会广泛开展理想信念教育、国情教育和形势政策教育，公民思想道德建设工程持续推进，社会公德、职业道德、家庭美德、个人品德得到弘扬，人们向上向善、孝老爱亲、忠于祖国、忠于人民受到激励。哲学社会科学建设受到高度重视，特别是扭转马克思主义学科一度弱化的倾向。2004年4月，中共十六大以来中国思想理论建设的标志性工程——马克思主义理论研究和建设工程正式启动，涵盖了哲学社会科学的各个重要领域。马克思主义学科体系基本建立。这对社会主义核心价值观体系建设和繁荣发展哲学社会科学意义重大。

中共十六大以来，文化体制改革继续探索、实践和深入，坚持物质文明和精神文明两手抓，促进文化事业和文化产业共同发展，中国经济的发展也由此获得新的动力。长期以来，文化领域政企不分、责任不明确，是制约文化发展的重要因素。深化文化体制改革，就是要着力解决体制弊端。2005年12月，《关于深化文化体制改革的若干意见》对深化文化体制改革进行了总体设计，提出：发展公益性文化事业要以政府为主导，增加投入、转换机制、增强活力、改善服务，实现和保障广大人民群众的基本文化权益；发展经营性文化产业要创新体制、转换机制、面向市场、壮大实力，满足人民群众多方面、多层次、多样性的精神文化需求。《意见》厘清了中国文化体制改革的基本路径，成为深化文化体制改革的重要纲领性文件。2009年8月，全国文化体制改革经验交流会召开，出版、发行、电影、文化市场管理等领域的改革全面展开。全国出版发行、电影电视剧制作等领域基本完成全行业转制，全国共注销经营性文化事业单位4000多家，核销事业编制18万个以上。通过文化体制改革，打破了长期束缚文化生产力的制度和体制，文化建设不断取得新成就。

中共十六届五中全会上，胡锦涛在向全会作工作报告时，总结了文化体制改革试点工作取得的新成效，形成了坚持一手抓公益性文化事业、一手抓经营性文化产业的重要思路，这是中共十六大以来党中央在文化发展理念上一个具有里程碑意义的理论创新。2007年8月，《关于加强公共文化服务体系建设的若干意见》提出：大力发展公益性文化事业，实施文化惠民工程，优先安排关系人民群众切身利益的重大公共文化服务项目，逐步解决农民群众收听收看广播电视难、看书难、看电影难的问题，基本满足城镇居民就近便捷享受公共文化服务的需求。以农村和基层为重点的公共文化服务体系建设开始全面提速。此后，公共博物馆和纪念馆免费开放、广播电视村村通工程、社区和乡镇综合文化站、文化信息资源共享工程、农村电影放映工程、农家书屋工程等一大批文化惠民工程启动。覆盖城乡、惠及全民的公共文化服务体系框架基本建立，人民基本文化权益得到更好保障。2011年10月，中共十七届六中全会审议通过了《中共中央关于深化文化体制改革、推动社会主义文化大发展大繁荣若干重大问题的决定》，提出了建设社会主义文化强国的战略任务，这是首次在中央全会上专门讨论文化改革发展有关问题和部署。

"十一五"以来，文化事业费年均增速保持在18%以上的较高水平。2012年，3000多家博物馆已经遍布各地，县县有图书馆、乡乡有综合文化站的目标基本实现，六级公共文化服务体系已经形成；50多万家农家书屋覆盖全国84%的行政村；2600多个广播电视播出机构组成的广播电视网，综合覆盖高达97%。文化产业日益成为中国经济新的增长点。2009年，国

中国政府不断加强农村文化建设，农村公共文化服务体系初步形成。图为甘肃省永登县的一处农家书屋。

务院出台《文化产业振兴规划》，首次将发展文化产业上升到国家战略。各地通过推动文化企业以资本为纽带兼并重组、整合资源，提高文化产业的规模化、集约化、专业化水平，一批优秀大型文化企业出现。改革激发出了巨大的文化生产力，2004年以来，文化产业年均增长都在15%以上，比同期国内生产总值的增速高6个百分点。2012年，中国文化产业增加值达到18071亿元，在国民生产总值中占比3.48%。

2002年1月26日，《哈利·波特和魔法石》在上海举行中国首映式，中国加入世贸组织后，人们得到更为丰富的文化产品供给和文化享受，文化消费渠道更为多样。文化适应世界市场，增强中华文化国际影响力的新问题也摆在了人们眼前。多层次、宽领域对外文化交流格局逐步形成。通过实施文化走出去战略，中国的国际文化形象得到提升。到2012年，中国对外文化贸易几乎涵盖了所有的艺术门类，如中国电影经历了快速产业化，国产电影从2002年的100部上升到2010年的526部，年票房从2002年的不足10亿元人民币增至2010年的超过百亿。中国与145个国家签订了政府间文化合作协定和近800个年度文化交流执行计划。继2003年中法推出互办文化年后，中国文化年、中国文化节已成为中国对外交流的重要文化标志品牌，中国向世界展示出了改革开放的崭新形象。

经过文化体制改革，中国的文艺创作呈现出繁荣发展的新景象。各级国有文艺院团打造出《复兴之路》《梦回长安》《花木兰》《月上贺兰》等大批优秀作品。2011年中国成为世界第三大电影生产国、第一大电视剧生产国。图书出版品种、总量稳居世界第一位，电子书出版居世界第二位。

# 七、推动祖国统一大业

中共十六大后，中共中央坚定不移地贯彻"一国两制"方针，从经济、政治、社会、文化各方面全力支持香港、澳门的发展，促进了港澳的经济繁荣、民主发展、社会安定。回归后，港澳政治体制改革稳妥推进，港澳特别行政区按照全国人大常委会和基本法的有关规定，行政长官选举的民主程度不断提高，立法会直选因素也得到增强。

进入新世纪后，在香港、澳门遭受"非典"疫情和国际金融危机冲击时，中央政府努力维护港澳经济社会稳定，集中推出各项支持港澳稳定金融、发展经济、改善民生的政策措施。为提振香港、澳门经济，2003年，中央政府先后与香港、澳门特别行政区政府签署内地与香港、澳门建立更紧密经贸关系的安排，此后又签署了多个补充协议，香港、澳门与内地的经济融合加快，对港澳发展起到直接促进作用，也推进了内地的改革开放。2011年，协议框架下广东省对港服务业先行先试的政策累积达41项，对澳服务业先行先试达33项，涉及银行、证券、教育、医疗、旅游、分销、会展、个体工商户等20个领域。2008年底，《珠江三角洲地区改革发展规划纲要（2008—2020）》实施，规划中与港澳紧密合作的内容丰富。

广东省还分别于港澳签订了粤港、粤澳合作框架协议。作为粤港澳合作的重点，深圳前海、珠海横琴、广州南沙发展迅速。"十二五"规划纲要把港澳单独列为一章，表明了中央政府对香港和澳门保持长期稳定的坚定支持。在"一国两制""港人治港""澳人治澳"、高度自治的方针下，香港、澳门持续繁荣发展。

中央政府坚定不移地按照"和平统一、一国两制"方针推动祖国和平统一大业，提出了两岸关系和平发展新思想。2005年3月，胡锦涛就发展两岸关系提出四点意见，强调坚持一个中国原则决不动摇、争取和平统一的努力决不放弃、贯彻寄希望于台湾人民的方针决不改变、反对"台独"分裂活动决不妥协。四个"决不"主张在海峡两岸和国际社会产生了重大反响，受到普遍欢迎和高度评价。3月14日，《反分裂国家法》高票通过，将中央关于解决台湾问题的大政方针以法律的形式固定下来，充分体现了党和国家以最大诚意、尽最大努力争取和平统一的一贯主张，表明了维护国家主权和领土完整的坚定决心。

这一阶段，成功开启了台湾海峡两岸政党交流。2005年，中国国民党主席连战、亲民党主席宋楚瑜、台湾新党主席郁慕明相继率团访问大陆。胡锦涛总书记分别同他们举行会谈，发表公报，达成了坚持"九二共识"、反对"台独"、谋求台海和平稳定、促进两岸关系发展等多项共识，引导两岸关系朝着和平稳定的方向发展，产生了举世瞩目的影响。

2000年5月，民进党在台湾上台后推动"宪政改造""入联公投"等谋求"台湾法理独立"等分裂活动，中国共产党代表人民的意志和民族的利益，一次次挫败了"台独"分裂势力的图谋。中国捍卫国家主权和领土完整的行动得到了国际社会的普遍理解和支持。2007年9月，第62届联合国大会以压倒性多数否决了台湾地区当局唆使极少数国家提出的所谓"台湾加入联合国"提案。2008年，在台湾地区举行的选举中，"台独"政权下台、国民党重新执政。2008年12月，两岸全面直接双向海、空直航及直接通邮正式启动。不久，大熊猫"团团"和"圆圆"运抵台湾，增进了两岸人民的感情。2008年12月31日，胡锦涛在纪念《告台湾同胞书》发表30周年座谈会上发表讲话，全面系统地阐述了两岸关系和平发展的思想，明确提出了推动两岸关系和平发展的六点主张，即：恪守一个中国，增进政治互信；推进经济合作，促进共同发展；弘扬中华文化，加强精神纽带；加强人员往来，扩大各界交流；维护国家主权，协商对外事务；结束敌对状态，达成和平协议。这六点主张对进一步推动两岸关系发展具有指导意义。

两岸的经济文化交流和人员往来也进一步密切。2010年6月，海协会与海基会签署《海峡两岸经济合作框架协议》，明确了两岸经济往来自由化目标，构建了两岸经济合作机制化平台。从2012年1月1日起，大陆对原产于台湾地区的608个税目商品继续实施海峡两岸经济合作框架协议货物贸易早期收获计划协定税率。两岸经贸关系跨入了互利双赢、合作发展的新时代。从2009年开始每年一届的海峡论坛搭建了两岸民间交流平台。2011年6月，大陆居民个人赴台旅游正式启动，进一步增进了两岸民众的了解，台湾民众对大陆有了更多的正面认识。

# 八、推动建设和谐世界

进入新世纪，世界大发展大变革大调整，中国同世界联系更紧密。

中国以不同方式多次向世界宣示，中国始终不渝走和平发展道路，致力于维护世界和平，促进各国共同发展繁荣。2005年9月，在联合国成立60周年首脑会议上，胡锦涛发表题为《努力建设持久和平、共同繁荣的和谐世界》的演讲，首次提出了"和谐世界"理念，得到了国际社会的广泛赞同和支持。2007年10月，十七大提出"各国人民携手努力，推动建设持久和平、共同繁荣的和谐世界"，并阐明了和谐世界的内涵：政治上相互尊重、平等协商，共同推进国际关系民主化；经济上相互合作、优势互补，共同推动经济全球化朝着均衡、普惠、共赢方向发展；文化上相互借鉴、求同存异，尊重世界多样性，共同促进人类文明繁荣进步；安全上相互信任、加强合作，坚持用和平方式而不是战争手段解决国际争端，共同维护世界和平稳定；环保上相互帮助、协力推进，共同呵护人类赖以生存的地球家园。为推动"建设持久和平、共同繁荣的和谐世界"，中国按照"大国是关键、周边是首要、发展中国家是基础，多边是重要舞台"的全方位外交布局，积极开展一系列外交活动。

中国与主要大国的关系保持稳定和发展。中美关系总体上保持稳定和发展，双方各层次对话和交往密切，妥善处理分歧，加强了相互理解和信任。2011年1月，胡锦涛应邀访美，双方就探索构建新型大国关系达成重要共识，会后发表的联合声明指出："中美致力于共同努力建设相互尊重、互利共赢的合作伙伴关系，以推进两国共同利益、应对二十一世纪的机遇和挑战。"中俄关系提升为全面战略协作伙伴关系，两国在政治、经济、能源合作、地区安全等领域的对话和合作更为广泛，共同推动国际和地区重要问题上配合。2004年，中俄签订《中俄国界东段补充协议》，2005年6月，互换补充协议议定书，中俄边界的历史遗留问题得到解决。2011年，中欧双方制定了未来十年两国关系发展规划。中欧全面战略伙伴关系内涵不断充实，中国与欧洲主要大国及中东欧等国关系进一步发展。中日关系在曲折中发展，围绕日本政府非法"购买"钓鱼岛等问题同日方进行了坚决斗争。中国在各大国对外战略中的地位明显上升。

中共十六大明确提出"与邻为善、以邻为伴"的周边外交政策，具有重大的全局意义。中国同周边的睦邻友好合作关系进一步扩大和深化。中国推动东盟十国与中国的"十加一"领导人会议，东盟与中日韩"十加三"领导人会议、上海合作组织、亚太经合组织等区域合作进程，中国发挥着积极参与倡导、促进合作共赢的重要作用。2002年，中国与东盟签署《南海各方行为宣言》，宣言确认中国与东盟致力于加强睦邻互信伙伴关系，共同维护南海地区的和平与稳定。宣言强调通过友好协商和谈判，以和平方式解决南海有关争议。这是中国与东盟签署的第一份有关南海问题的政治文件，对维护中国主权权益，保持南海地区和平与稳定，增进中国与东盟互信有重要意义。2003年10月，中国正式加入《东南亚友好合作条约》。2010年1月，中国同东盟共同建成发展中国家之间最大的自贸区。2001年上海合作组织成立，坚持"互信、互利、平等、协作、尊重多样文明、谋求共同发展"的"上海精神"，中国推动各成员国缔结长期睦邻友好合作条约。中国巩固同朝鲜、越南、老挝、巴基斯坦等国的传统友谊。在朝鲜半岛和平问题上，中国为朝核问题和平解决发挥了重要的作用。2005年，中国与孟加拉国、斯里兰卡、印度等邻国宣布确立战略合作伙伴关系或全面合作伙伴关系，中印就解决边界问题的政治指导原则达成共识，涵盖中国及周边国家的基础设施互联互通建设也取得重要进展。

中国努力推动南南合作和南北对话，同发展中国家的团结合作取得重要进展。通过举办中非合作论坛北京峰会等方式，中国推出加强中非合作

在海地首都太子港，一名中国医疗队员按照当地习俗与一名海地儿童互相问好。

新举措，进一步夯实中非新型战略伙伴关系的基础。建立健全中阿合作论坛机制，双方建立全面合作、共同发展的战略合作关系。出台对拉美和加勒比政策文件，同地区国家的互利合作进一步深化。以中国—太平洋岛国经济发展合作论坛为纽带，密切与南太岛国的友好合作。

在多边外交方面，中国发挥负责任的大国作用，通过出席重要多边会议有效运用多边机制扩大影响、维护利益，推动世界政治经济治理机制建设；维护联合国及安理会权威，提升发展中国家代表性和发言权，反对各种形式的霸权主义；认真履行国际责任和义务，是联合国安理会五个常任理事国中派出维和人员最多的国家。

中国开展多渠道、多形式、多层次对外交流，尤其是广泛开展人文交流。新世纪以来，政党对外交往引人瞩目。作为世界上最大发展中国家的执政党，中国共产党在巩固与社会主义国家执政党关系的同时，超越意识形态差异，与各类政党积极发展双边、多边交流合作。到2011年，已与世界上160多个国家和地区的600多个政党建立了交流合作。中国还成功举办了2008年北京奥运会、2010年上海世博会等，广交朋友，极大提升了中国改革开放的新形象。

中共十六大以来，中国外交形成了双边与多边并行，经济、政治、军事、文化等各方面互相促进、全面发展的新型模式，为中国经济社会发展创造了有利的外部环境。

# 小　结

　　进入21世纪，国际形势保持总体和平稳定，改革开放和发展仍然是中国最鲜明的时代特征，经济、政治、社会、文化各方面的改革发展都取得显著成效，中国的国际地位明显提高。随着中国经济总量的迅速增大，资源和环境的制约也越来越突出，传统行业产能过剩、房地产过度繁荣以及"脱实向虚"倾向的出现，都说明以外延型扩张为主的发展理念和方式需要改变，这是提出和落实科学发展观的背景，但是，发展方式的转变和产业结构升级不可能一蹴而就，它需要时间和有效政策措施。

# 第五章
## 改革开放进入深水区和取得重大进展
## （2012—2017）

经过 30 多年的发展，中国的改革开放步入深水区，到了啃硬骨头的关键阶段。中共十八大提出了全面建成小康社会和全面深化改革的目标，改革任务千头万绪，改革压力空前巨大。中共十八大以后，以习近平为核心的党中央以巨大的政治勇气和政治智慧面对难关，接受考验，紧紧围绕实现"两个一百年"奋斗目标和中华民族伟大复兴的中国梦，在党政军多个领域推进深层次改革。中国的改革开放朝着更高质量、更有效率、更加公平、更可持续的方向前进。五年间，中国经济社会发展取得辉煌成就。

# 一、中共十八大和确定全面建成小康社会目标

## （一）中共十八大

2012年11月8日至14日，中共十八大在北京召开。胡锦涛作题为《坚定不移沿着中国特色社会主义道路前进，为全面建成小康社会而奋斗》的报告。大会通过了《中国共产党章程（修订案）》。中共十八大是中国进入全面建成小康社会决胜阶段的一次重要大会，大会明确了科学发展观是党必须长期坚持的指导思想，并写入党章。科学发展观是马克思主义同当代中国实际和时代特征相结合的产物，是马克思主义关于发展的世界观和方法论的集中体现，对新形势下实现什么样的发展、怎样发展等重大问题作出了新的科学回答，把我们对中国特色社会主义规律的认识提高到新的水平，开辟了当代中国马克思主义发展新境界。科学发展观同马克思列宁主义、毛泽东思想、邓小平理论、"三个代表"重要思想一道，是党必须长期坚持的指导思想。

大会制定了坚持走中国特色社会主义政治发展道路和推进政治体制改革前进方向。一是要支持和保证人民通过人民代表大会行使国家权力。二

是要健全社会主义协商民主制度。三是要完善基层民主制度。四是要全面推进依法治国。五是要深化行政体制改革。六是要建立健全权力运行制约和监督体系。七是要巩固和发展最广泛的爱国统一战线。

大会提出了全面建成小康社会和全面深化改革的目标。大会提出：经济持续健康发展，转变经济发展方式取得重大进展，在发展平衡性、协调性、可持续性明显增强的基础上，实现国内生产总值和城乡居民人均收入比2010年翻一番；人民民主不断扩大；文化软实力显著增强；人民生活水平全面提高；资源节约型、环境友好型社会建设取得重大进展。全面建成小康社会，坚决破除一切妨碍科学发展的思想观念和体制机制弊端，构建系统完备、科学规范、运行有效的制度体系，使各方面制度更加成熟更加定型。

### （二）制定全面深化改革的总部署

2013年11月，中共十八届三中全会召开，通过了《中共中央关于全面深化改革若干重大问题的决定》，勾画了到2020年全面深化改革的时间表、路线图。《决定》总结了35年来改革开放的历史逻辑，认为改革开放是决定当代中国命运的关键抉择，实践发展永无止境，解放思想永无止境，改革开放永无止境。《决定》提出专设机构统筹改革，首提国家治理现代化，首次强调市场决定性作用，提出"使市场在资源配置中起决定性作用和更好发挥政府作用"。会议内容包括弘扬社会主义核心价值观、政府和市场的关系、农村土地制度改革、户籍制度改革、考试招生制度改革、养老保险制度改革、计划生育政策调整、生态文明制度建设、司法体制改革、反腐败体制机制创新等15个方面。中共十八届三中全会是中国改革开放的又一个关键节点，用"进一步解放思想、解放和发展社会生产力、解放和增强社会活力"表明了全面深化改革的决心和信心，论述了深化经济体制改革、深化政治体制改革等的方向和路径。

中共十八届三中全会明确指出全面深化改革的总目标是完善和发展中国特色社会主义制度，推进国家治理体系和治理能力现代化；将促进社会公平正义、增进人民福祉作为全面深化改革的出发点和落脚点。经过探索完善，将公平正义的治国理念体现到中国特色社会主义道路、理论、制度、文化之中。中共十八届三中全会在中国改革开放道路上具有里程碑意义。由此，人民群众发展经济社会的积极性充分调动起来，经济社会的活力和动力日益增强。中共十八届三中全会后，中国改革开放按照全面深化改革的总部署再出发。

### （三）"五位一体"总体布局和"四个全面"战略布局

中共十八大着眼于全面建成小康社会、实现社会主义现代化和中华民族伟大复兴，提出"五位一体"总体布局：经济建设、政治建设、文化建设、社会建设、生态文明建设，体现出整体推进的意义。全面建成小康社会、全面深化改革、全面依法治国、全面从严治党的"四个全面"战略布局是中共中央治国理政的总方略，体现出重点突破的意义。"五位一体"总体布局和"四个全面"战略布局相互联系、相互支撑，作为有机整体统一于中国特色社会主义事业，统一于国家发展关键阶段的历史进程，统一于党中央治国理政的战略设计。十八大后，统筹推进"五位一体"总体布局和协调推进"四个全面"战略布局得到贯彻落实。中共十八届三中、四中、五中、六中全会相继就全面深化改革、全面依法治国、全面建成小康社会、全面从严治党等工作重点进行专题研究，这是对建设中国特色社会主义总体布局的统筹推进。

### （四）"五大发展理念"的提出

2015年10月，中共十八届五中全会召开，强调实现"十三五"时期发展目标，破解发展难题，厚植发展优势，必须牢固树立并切实贯彻创新、协调、绿色、开放、共享的发展理念。五大发展理念是一个有机统一整体，具有严密的内在逻辑结构关系。创新作为五大新发展理念之首，解决的是中国经济进入新常态后引领发展的动力问题；协调发展是缩小发展差距，解决的是地区之间、城乡之间发展不平衡问题；绿色发展是协调人与自然关系的客观要求；共享发展，是解决社会公平正义，让人民有更多获得感、生活更美好的重要途径；开放发展，是统筹国内外联动，为世界发展贡献中国智慧的必由之路。五大发展理念引领中国中长期发展，是习近平新时代中国特色社会主义思想的重要内容，也是中国改革开放40年来发展经验的集中反映。

# 二、党的建设和政治体制改革

## （一）反腐廉政和从严治党

中共十八大后，中国共产党从关系党和国家生死存亡的高度，做出打铁还需自身硬的庄严承诺，以"刮骨疗毒、壮士断腕"的决心和勇气，推动全面从严治党向纵深发展，形成了反腐败斗争压倒性态势。十八大后，党从作风建设切入，强化监督执纪问责，夯实制度体系，着力构建不敢腐、不能腐、不想腐的机制体制，全面从严治党从治标走向治本。2012年12月，中央政治局会议审议通过改进工作作风、密切联系群众的八项规定。在中共十八届三中全会全面深化改革决定中，专门用第36条对加强反腐败体制机制创新和制度保障、改革党的纪律检查体制作出具体部署。中央陆续出台或修订党内法规80余部，包括《中国共产党廉洁自律准则》《中国共产党问责条例》、修订《中国共产党纪律处分条例》《中国共产党巡视工作条例》、通过《关于新形势下党内政治生活的若干准则》和《中国共产党党内监督条例》，全面从严治党越来越有规可循，有据可依。党规党纪的"笼子"越扎越紧，为巩固和发展反腐败斗争压倒性态势奠定了坚实的制度保障。习近平多次强调，反腐败"要坚持'老虎'、'苍蝇'一起打，既坚决查处领导干部违纪违法案件，又切实解决发生在群众身边的不正之风和腐败问题。"各级纪检监察机关不断推动党内监督方式方法的改革创新，实现党内监督全面覆盖，不留死角，充分体现党中央对于惩治腐败问题的决心。五年间，中央巡视共开展12轮，对277个地方、单位党组织进行巡视，实现党的历史上首次一届任期内中央巡视全覆盖。截至2017年6月底，中共十八大以来，共立案审查中管干部280多人、局级干部8600多人、县处级干部6.6万人。对"关键少数"的惩处力度不断增强，查处从严，形成震慑的同时，反腐向基层延伸，各级纪检监察机关以扶贫领域虚报冒领、截留私分、挥霍浪费等问题为重点，进一步加大对侵害群众利益问题的查处力度。进行对外逃腐败分子的国际追逃追赃，连续组织"天网行动"，发出红色通缉令，五年间，从90多个国家和地区追回外逃人员近3000人。2016年底，国家监察体制改革拉开帷幕，使党内监督和国家监察相互促进。北京、山西、浙江3个试点省市改革取得实质进展，省市县三级监察委员会转隶组建工作已经完成。全面从严治党向纵深发展，人民群众拍手称赞，赢得了民心，巩固了党的执政基础，创造了良好的政治生态。党内教育逐渐常态化，2013年下半年开始至2014年，自上而下分批开展党的群众路线教育实践活动；2015年起，在县处级以上领导干部中开展"三严三实"专题教育；2016年全面启动"两学一做"学习教育，2017年"两学一做"学习教育制度化。

2017年1月19日，山西省监察委员会正式挂牌，这是中国第一个正式挂牌的省级监察委员会。

## （二）政治体制改革

中共十八大旗帜鲜明地提出政治体制改革，强调不走封闭僵化的老路和改旗易帜的邪路。中共十八大以来，政治建设作为"五位一体"总体布局中起关键保障作用的环节，通过改革获得了新发展。社会主义民主更加广泛、更加充分、更加健全，党的领导、人民当家做主、依法治国有机统一。司法体制改革、行政体制改革、权力运行制约和监督体系建设等有效实施。

依法治国是坚持和发展中国特色社会主义的本质要求和重要保障，是实现国家治理体系和治理能力现代化的必然要求。中共十八届四中全会审议通过《中共中央关于全面推进依法治国若干重大问题的决定》，提出了全面依法治国的指导思想、总体部署、重要举措和任务要求，开启了依法治国新征程。法治政府建设进入新阶段，颁布实施《法治政府建设实施纲要（2015—2020年）》，确立了到2020年基本建成法治政府的奋斗目标和行动纲领。司法体制改革是中共十八大后政治体制改革的亮点。2012年11月，中共十八大明确提出"进一步深化司法体制改革，完善社会主义司法制度"，司法体制改革作为全面深化改革和全面依法治国的重点，被纳入"五位一体"总体布局统筹推进和"四个全面"战略布局协调推进。中共十八届三中全会出台了一些司法改革的举措，四中全会专门研究全面依法治国，确定了9大改革领域、129项改革任务。五年间，司法责任制、人员分类管理、司法职业保障制度，以及设立最高人民法院巡回法庭和跨行政区划法院等改革全面铺开。2013年以来，由最高人民法院牵头负责的18项重大改革任务，全部按期完成；人民法院"四五改革纲要"确定的65项改革任务全部实质推开，达成改革阶段性目标；2016年6月，《关于推进以审判为中心的刑事诉讼制度改革的意见》通过，标志着以审判为中心的刑事诉讼制度改革全面启动。司法不公平、司法腐败的现象减少，立案难、诉讼难、执行难的顽疾逐步破解。民主建设也取得新成就。习近平多次强调要坚持和完善基层群众自治制度，发展基层民主，保障人民依法直接行使民主权利。十八大后，基层群众自治范围不断拓展，民主监督实效不断提高，群众通过直接选举、听证评议、网络论坛、民情信息站等多种途径有序参与基层治理，群众的知情权、参与权、表达权、监督权得到充分保障。

# 三、经济新常态和供给侧改革

2008年国际金融危机引发了国际和地区形势深刻变化，次贷危机使世界经济深受冲击和影响，世界经济步入低速增长期，资本控制的弊病日益显露。广大发展中国家在全球化经济增长中虽也获得发展收益，但与发达国家要素分配红利所得悬殊，产业资本与金融资本回报的鸿沟加深，公正合理的世界政治经济秩序仍未建立。发展中国家在经济全球化中的位置固化在发达国家跨国公司的全球产业链的低端，短期内难以改变。发展中国家在经济全球化中的地位决定了在多边主义框架下只是规则的执行者，居于从属性的边缘地位。从国内来看，中国经济整体已进入工业化后期阶段，但工业化中期阶段的历史任务远未完成。中共十八大后，新一轮的经济体制改革首先面临回答中国经济发展怎么看、怎么干的重大问题。

2014年5月，习近平在河南考察时首次使用"新常态"一词，认为中国发展仍处于重要战略机遇期，应从中国经济发展的阶段性特征出发，适应新常态，保持战略上的平常心态。在当年的亚太经合组织（APEC）工商领导人峰会上，习近平又对中国经济"新常态"的判断作出了系统阐述：一是从高速增长转为中高速增长。二是经济结构不断优化升级，第三产业、消费需求逐步成为主体，城乡区域差距逐步缩小，居民收入占比上升，发展成果惠及更广大民众。三是从要素驱动、投资驱动转向创新驱动。"新常态"全面回答了中国经济发展怎么看的问题，

在经济新常态的下行压力之下，中国不搞强刺激，而是抓住理顺政府和市场关系的关节点，以改革发挥市场配置资源的决定性作用、激发经济的内生动力。正是基于对中国经济"新常态"的判断，习近平在2015年的中央财经领导小组第十一次会议上提出"供给侧结构性改革"，用改革的思路和方法来解决深层次问题，回应了经济发展新常态下改革怎么干的问题。长期以来，中国的宏观调控比较侧重将拉动经济增长的投资、消费、出口三驾马车作为主要对象，供给侧改革的对象则有劳动力、土地、资本、制度创造、创新等要素。随着城乡居民收入的大幅度增加，需求端的消费结构和需求也随之升级变化。中共十八大后，中国面对工业化和社会生产力水平大大提高，社会需求随之升级变化的现实条件，在适度扩大总需求的同时，把调控的重点转向供给侧，着力加强供给侧结构性改革。

中共十八届三中全会明确，经济体制改革的核心问题是处理好政府和市场的关系，使市场在资源配置中起决定性作用和更好发挥政府作用。供给侧结构性改革正式拉开了新一轮经济体制改革的大幕，成为十八大后中国全面深化改革的重点。2015年11月，中央经济工作会议正式提出供给侧结构性改革，明确提出"去产能、去库存、去杠杆、降成本、补短板"五大改革任务。经济新常态的论调和供给侧结构性改革将马克思主义关于生产力与生产关系、经济基础与上层建筑关系的原理创造性地内化于中国特色社会主义建设的战略思想和布局中，社会主义市场经济改革步伐更加

坚实。

## （一）金融领域改革

金融改革因其服务实体经济的能力对国民经济具有重大牵引作用。中共十八大后，金融改革有序推进，多元化多层次的投融资体系逐渐完善。利率市场化改革取得进展，存贷款利率管制基本放开。2015年10月24日起人民币存款利率浮动上限完全放开，标志着利率管制全面放开。2015年5月1日起，存款保险条例正式实施。利率调控能力的增强对促进供给侧改革发挥了积极作用。人民币汇率形成机制按照主动性、可控性和渐进性原则加快完善，汇率市场化进程和有关的汇率调控机制、外汇市场建设等有序推进。上海自贸区的金融改革成为自贸区建设和试验的突破口，人民币国际化水平快速提高。在储备货币方面，2016年10月1日国际货币基金组织（IMF）正式将人民币纳入特别提款权（SDR）货币篮子，体现了国际社会对中国经济发展成效的充分认可。此外，多层次银行体系正在构建，存款保险制度实施，金融监管协调机制初步建立，沪港通、深港通、债券通相继开通。

## （二）财税体制改革

财税体制改革也是中共十八大后经济体制改革的重点领域。中共十八届三中全会赋予了财政"国家治理的基础和重要支柱"的全新定位。中共十八大后，财税体制改革在预算管理制度、税收征管体制、中央与地方财政事权与支出责任划分等方面取得了重大进展，促进了供给侧结构性改革。2014年6月，《深化财税体制改革总体方案》出台，将财税体制改革任务细分为改进预算管理制度、深化税收制度改革、调整中央和地方政府间财政关系三个方面，说明了每项改革的方向、目标、基本框架和内容。8月，新修订的《预算法》为深化财税体制改革全局奠定了法律基础。中共十八大后，具体税种改革方面，始于2012年的营业税改增值税改革成为财税体制改革深化的起点。中共十八届三中全会明确提出逐步建立综合与分类相结合的个人所得税制的改革方向，个人所得税也开始改革。资源税从调整计征方式、扩大征收范围、划分税收收入归属等三个方向全面推进，有效发挥出其作为税收杠杆的调节作用，推动经济结构调整和发展方式转变。随着税制改革向纵深迈进，《深化国税、地税征管体制改革方案》出台，方案提出6大类31项具体举措，以期实现到2020年建成与国家治理体系和治理能力现代化相匹配的现代税收征管体制。中共十八大后，通过改革，财税政策工具充分了发挥作用，促进了供给侧结构性改革。

**（三）国有企业改革**

供给侧改革是在改革开放中进一步释放以企业为主体的供给侧活力。振兴实体经济是供给侧结构性改革的主要任务。针对经济运行中出现的"脱实向虚"苗头，习近平多次强调，中国是个大国，必须要做强实体经济，不能"脱实向虚"。中共十八大后，实体经济更受重视，国企改革也向纵深发展，企业间的横向合并、纵向联合和专业化重组持续推进。新一代信息技术、高端装备制造、绿色低碳、生物医药、数字经济、新材料、海洋经济等战略性新兴产业发展成为改革的重中之重。五年间，国企改革顶层设计基本完成，2015年8月，新时期指导和推进中国国企改革的纲领性文件《关于深化国有企业改革的指导意见》颁布。《指导意见》从改革的总体要求到分类推进国有企业改革、完善现代企业制度和国有资产管理体制、发展混合所有制经济、强化监督防止国有资产流失、加强和改进党对国有企业的领导、为国有企业改革创造良好环境条件等方面，全面提出了新时期国有企业改革的目标任务和重大举措。多个配套文件也陆续出台，基本形成国企改革"1+N"政策体系。

中央企业分类全面完成，功能定位更加明确。到2017年，全国国有企业公司制改制面达到90%以上，中央企业各级子企业公司制改制面达92%，建设规范董事会的央企已有80多家，适应市场竞争要求的决策、执行、监督机制进一步完善。混合所有制改革稳步推进，企业层级提升，拓展到电力、石油、石化、航空、电信、军工等领域。超过三分之二的中央企业引进各类社会资本，进行股权多元化、资产多元化各方面的混合所有制改革，国有资本功能不断放大。

### （四）简政放权的改革

中共十八大后，政府对微观经济干预不断减少，市场在资源配置中作用逐步提高。2016年1月，重新修订的《中央定价目录》正式实施，规范了政府定价行为，凡是能由市场形成价格的都交给市场，政府定价项目由此砍掉八成左右。商事制度是社会主义市场经济体系中的重要组成部分。中共十八届三中全会决定对商事登记制度进行改革，由注册资本实缴登记制改为注册资本认缴登记制，前置审批精简85%。取消了原有对公司注册

2014年，天津滨海新区行政审批局通过了用一颗印章取代过去109颗印章的行政体制改革，11月15日，"109枚封存审批公章"被国家博物馆永久收藏，成为政府简政放权的历史文物。

资本、出资方式、出资额、出资时间等硬性规定，取消了经营范围的登记和审批，全面建成国家企业信用信息公示系统，从"重审批轻监管"转变为"轻审批重监管"。

供给侧结构发展不平衡、不充分问题是改革需要面对的主要问题。首先是区域发展不平衡，中国是一个地域辽阔、自然和人文条件差异很大的发展中国家，东、中、西部发展非常不平衡。十八大后，"一带一路"倡议及京津冀协同发展、长江经济带发展战略的提出，为区域协调发展打开了新格局。它们的共同特点是都跨越了行政区划，京津冀协同发展是以优化三省市分工协作格局为目标的重点区域发展战略，其核心是有序疏解北京非首都功能，探索人口经济密集地区优化开发新模式；长江经济带贯穿东中西部，是以加强沿长江11个省市经济联系合作为目标的轴带区域发展战略，形成转型升级新的支撑带；"一带一路"倡议则是引领开放型经济提升的重要抓手。五年间，所取得的成效显著，中国经济发展新空间得到有效拓展，新增长极、增长带加快形成。

中国主动适应、把握、引领经济新常态，深入推进供给侧结构性改革，经济体制改革进一步激发了经济增长的活力。十八大后的五年间，中国保持经济稳中向好、稳中有进，国内生产总值从54万亿元增长到80万亿元，稳居世界第二，对世界经济增长的平均贡献率超过30%，居世界第一位，成为世界经济的主要动力源。

# 四、新一轮农村综合改革和精准扶贫

## （一）开展新一轮农村综合改革

中共十八大后，以中国工业化、信息化、城镇化和农业现代化深入推进，农村劳动力大量转移，新型农业经营主体不断涌现为背景，为实现农业的现代化、农村的繁荣发展、农民的全面小康进行了新一轮农村综合改革。一是土地制度的改革。土地流转是中共十八大以来农村土地制度改革的一个核心环节。2013年7月，习近平到武汉农村综合产权交易所了解涉农产权尤其是土地流转交易情况，表示鼓励。2016年，农村承包地坚持集体所有权、稳定农户承包权、放活土地经营权的"三权分置"正式确立。这是继家庭联产承包责任制后中国农村改革的又一大创新，一方面稳定承包权保障农民的基本权益，另一方面通过放活经营权提高土地要素配置效率。土地的确权颁证工作进展顺利，给农民吃了一颗"定心丸"。截至2017年6月底，全国已完成确权面积10.5亿亩，占二轮家庭承包耕地面积的76%。土地的权利抵押、宅基地和建设用地的流转等项改革力度空前。农村土地初步形成有序流转、适度规模经营局面。2014年11月，中央专门印发文件对土地经营权有序流转、发展农业适度规模经营进行引导规范。到2016年底，全国耕地流转面积达到4.79亿亩，建立了近两万个土地流转服务中心。经营权入股、抵押等也是放活经营权的重要方式。2015年农业部在黑龙江、江苏等地的7个县区开展土地经营权入股发展农业产业化经营试点，为农业适度规模经营探索新形式。农村土地征收、集体经营性建设用地入市、宅基地制度改革试点也稳步推进。

二是集体产权制度的改革。中国农村集体经济组织资产数量庞大，随着工业化、城镇化的快速发展，权属不清、权责不明、保护不严、流转不畅、资产风险等问题更为突出。中共十八大及十八届三中、五中全会，多个中央"一号文件"，都高度重视农村集体产权制度改革。2016年12月，《中共中央国务院关于稳步推进农村集体产权制度改革的意见》正式发布，标志着全国逐步推开农村集体产权制度改革。到2016年底，全国已有6.7万个村和6万个村民小组完成改革。2017年，100个改革基础较好的县（市、区）开始新一轮改革试点。

三是经营体系的改革。十八大后，农业部先后制定了促进和规范家庭农场、农民合作社、龙头企业等发展的意见，在坚持家庭承包经营基础上，着重新型农业经营主体的培育、规模化服务主体和市场化经营环境的培养。创新农业社会化服务机制，是实现政府、社会、农户三者良性互动的基础。从2015到2016年，26个省份的62个县以统防统治、农机作业、粮食烘干、集中育秧等普惠性服务为重点，开展了政府购买农业公益性服务机制创新试点。2017年，农业部、财政部联合出台指导意见，对以农业生产托管为重点的社会化服务提供财政支持，进一步激发农业生产性服务业的市场活力。

四是农村改革试验区的探索。2016年4月，习近平在安徽凤阳小岗村主持召开农村改革座谈会时强调，中国要强农业必须强，中国要美农村必须美，中国要富农民必须富。解决农业农村发展面临的各种矛盾和问题，根本靠深化改革。中共十八大后，在中央农村工作领导小组的领导下，58个农村改革试验区开展了先行先试，广西田东县金融改革推进扶贫开发、安徽宿州市构建现代农业产业化联合体、湖北秭归县村民自治重心下沉等改革典型各具特色。

### （二）精准扶贫初见成效

精准扶贫是全面建成小康社会的底线目标和标志性指标。习近平在不同场合多次强调，"小康不小康，关键看老乡"，"没有农村的小康，特别是没有贫困地区的小康，就没有全面建成小康社会"。

改革开放后，中国扶贫取得的成就举世瞩目，6亿多中国人甩掉了贫困的帽子，成为全球首个实现联合国千年发展目标贫困人口减半的国家。但是，中国仍有14个集中连片特困地区，592个贫困县，12.8万个贫困村。贫困问题依然是中国经济社会发展中最突出的短板，扶贫进入啃硬骨头、攻坚拔寨的冲刺期。中国提出了到2020年，中国现行标准下农村贫困人口全部实现脱贫，消除区域性整体贫困的目标。中共十八大以后，扶贫的理念、机制和路径创新，实现了从开发式的全面扶贫到精准扶贫的转变。

2013年11月，习近平到湖南湘西考察时首次提出"精准扶贫"概念，即"实事求是、因地制宜、分类指导、精准扶贫"的指示。十八大后的5

年间，精准扶贫取得决定性进展。精准扶贫概念提出后，工作逐步深化、扩展。2014年1月，中共中央办公厅详细规制了精准扶贫工作模式的顶层设计，推动"精准扶贫"思想落到实处。2014年3月，习近平参加全国两会代表团审议时强调，要实施精准扶贫，瞄准扶贫对象，进行重点施策，进一步阐释了精准扶贫理念。2015年1月，习近平在云南调研，强调扶贫开发是第一个百年奋斗目标的重点工作，是最艰巨的任务。要坚决打好扶贫开发攻坚战，加快民族地区经济社会发展。6月，习近平在贵州省进一步就扶贫开发工作提出"六个精准"的基本要求："对象要精准、项目安排要精准、资金使用要精准、措施到位要精准、因村派人要精准、脱贫成效要精准"，并强调要科学谋划好"十三五"时期扶贫开发工作，确保贫

广西柳州市融安县东起乡崖脚村铜板屯是贫困村，该县通过美丽乡村建设，种植李树、桃树、山葡萄等水果，贫困村变身美丽乡村

困人口到2020年如期脱贫，并提出扶贫开发"贵在精准，重在精准，成败之举在于精准"的新思路。2015年11月，中央扶贫开发工作会议召开，提出脱贫的标准为：到2020年稳定实现农村贫困人口不愁吃、不愁穿，农村贫困人口义务教育、基本医疗、住房安全有保障；实现贫困地区农民人均可支配收入增长幅度高于全国平均水平、基本公共服务主要领域指标接近全国平均水平。《中共中央国务院关于打赢脱贫攻坚战的决定》随后发布，正式提出"六个精准"，对未来5年的脱贫攻坚作出了全面部署，要求"采取超常规举措，拿出过硬办法，举全党全社会之力，坚决打赢脱贫攻坚战"。

5年间，农村贫困人口通过发展生产、易地搬迁、发展教育、社会保障兜底、生态补偿等多种方式如期脱贫。按照中国国家统计局数据，5年间，中国共有5564万人摆脱贫困，占据了全球减贫人数的四分之三。2017年，井冈山市、兰考县率先脱贫，贫困县实现了历史上第一次数量上的减少，中国的脱贫攻坚首战告捷。中国精准扶贫的新理论、新实践以每年减贫1300万人以上的成就，赢得了国际社会的高度赞誉，并为全球减贫提供了中国经验。

# 五、对外开放和"一带一路"倡议

1978年以来，中国作为全球化趋势的跟进者，通过渐进式的改革开放深入参与全球化进程，对外贸易战略从进口替代与出口导向相结合转向出口导向，取得了举世瞩目的发展成就。2001年中国加入世贸组织，经济贸易体制逐渐与国际贸易体制接轨，抓住了国际产业转移的历史机遇。2012年以后，中国经济进入了"三期叠加"[①]的新常态，在世界经济长期复苏乏力，处于深度调整的复杂情势下，世界贸易组织多边体制红利逐渐消退，外向型经济增长乏力，中国迫切需要新的对外开放框架以推进构建开放型经济新体制，世界经济也需要中国力量和中国智慧。中共十八大就此指出："中国将始终不渝奉行互利共赢的开放战略，通过深化合作促进世界经济强劲、可持续、平衡增长。"[②]

---

① 三期叠加，是指经济增长速度的换挡期、经济结构调整的阵痛期、前期刺激政策的消化期。
② 《十八大以来重要文献选编》（上），中央文献出版社2014年版，第37页。

### （一）开放型经济水平进一步提高

2012年，中共十八大提出，全面提高开放型经济水平，强调适应经济全球化新形势，必须实行更加积极主动的开放战略，完善互利共赢、多元平衡、安全高效的开放型经济体系。

按照中共十八届三中全会提出的全面深化改革和四中全会关于依法治国的要求，2015年1月，《外国投资法（草案征求意见稿）》向社会公开征求意见，现行对外商投资的逐案审批体制将取消，转而采取准入前国民待遇和负面清单的外资管理方式，促进内外资企业一视同仁、公平竞争。2015年10月，习近平在中共十八届五中全会上将开放发展列为"五大发展理念"之一，并鲜明地提出，必须顺应我国经济深度融入世界经济的趋势，奉行互利共赢的开放战略，发展更高层次的开放型经济。

中共十八大后，中国对外经济开放的基础夯实更加有力。2013年9月和10月，习近平分别提出建设"新丝绸之路经济带"和"21世纪海上丝绸之路"倡议，倡议在更大的经济发展空间格局内统筹国内国际两个大局，为调动国际国内两个市场、两种资源打开了全新思路。"一带一路"倡议成为陆海内外联动、东西双向互济开放格局的重点，"引进来"和"走出去"并重的途径与方式。十八大后，全面开放的一大特点是均衡开放。京津冀协同发展、长江经济带战略先后提出。一方面，京津冀协同发展、长江经济带以东部地区为开放高地，增强东部沿海地区在开放中的引领作用。支持沿海地区全面参与全球经济合作和竞争，培育有全球影响力的先进制造基地和经济区，带动辐射区域的发展和开放。另一方面，给予中西部开放经济新的发展红利。2015年，《关于支持沿边重点地区开发开放若干政策措施的意见》出台，推出提升贸易便利化水平、提高投资便利化水平、完善边民互市贸易等扩大沿边开放新举措。《关于构建开放型经济新体制的若干意见》则明确提出，全面参与国际经济体系变革和规则制定，在全球性议题上，主动提出新主张、新倡议和新行动方案，增强中国在国际经贸规则和标准制定中的话语权。

自贸区在规模和质量上获得了长足发展，上海、广东、天津、福建等自由贸易试验区建立。2013年8月，国务院正式批准设立中国（上海）自由贸易试验区。上海自贸区改过去的"正面清单"规则为"负面清单"规则，将市场行为的主导权更多给予市场主体，带动金融、税收、贸易，加快政府职能的转变。"负面清单"规则具有先行先试的创新意义，2015年4月，前海蛇口自贸区作为广东自贸区组成部分之一挂牌，自贸区围绕推动人民币国际化、利率及汇率市场化改革，重点在"人民币资本项目可兑换、跨境人民币业务创新、深港金融市场互融互通、投融资便利化"等方面先行先试，支持香港离岸人民币中心建设。2015年，国际货币基金组织决定将人民币纳入特别提款权货币篮子。这是人民币国际化的一个里程碑，也是中国发展更高水平开放型经济的一个重要标志。

中共十八大后更为重视经济开放的质量与效益。2014年到2017年，国务院陆续出台了多项外贸稳增长的操作措施。商务部和海关总署联合发布公告，2016年，在全国范围内取消加工贸易业务审批。财政部、税务总局联合出台公告，将机电、成品油等重要产品出口退税率提高到17%。中国经济双向投资日趋平衡，鼓励传统出口企业提高产品质量、完善营销售后服务，大力推动高铁、核电、工程机械等享有良好国际声誉的高端装备制造业出口，扩大文化、中医药和信息服务等新兴业态的服务出口。2015年，北京开展服务业扩大开放综合试点，在科学技术、互联网和信息、文化教育、金融、商务和旅游、健康医疗6大重点服务领域降低或取消外资股权比例限制，部分或全部放宽经营资质和经营范围限制。对外经济新业态得到新发展，2016年，新设12个跨境电子商务综合试验区，新增5家市场采购贸易方式试点。全年试点区域跨境电商进出口1637亿元，增长1倍以上。市场采购贸易出口2039亿元，增长16%。

在国际经济治理建设上，通过提出制度方案和公共产品，贡献中国智慧和能力，显著提升了国际影响力。自2013年"一带一路"倡议提出后，已有100多个国家和国际组织积极响应支持，40多个国家和国际组织同中国签署合作协议，中国企业对沿线国家投资达到500多亿美元。中国通过发布"一带一路"建设的愿景与行动文件，发起创办多边金融机构亚洲基础设施投资银行、设立丝路基金、举办首届"一带一路"国际合作高峰论坛等，实实在在地为世界经济的开放提供公共产品。到2017年，亚洲基础设施投资银行已经为"一带一路"建设参与国的9个项目提供17亿美元贷款，"丝路基金"投资达40亿美元。

全球自由贸易区网络正在形成，中国"走出去"提速增效。2014年10月，为提高对外投资效率，《境外投资管理办法》正式实施，新的境外投资管理办法确立"备案为主，核准为辅"的管理模式，并引入负面清单的管理制度，98%的对外投资事项已不需要政府审核。中国与哈萨克斯坦共建的霍尔果斯跨境合作区，和老挝共建的磨憨—磨丁跨境经济合作区等稳步推进。印尼雅万高铁、匈塞铁路、中俄东线天然气管道、巴基斯坦瓜达尔港、中哈连云港物流合作基地等一批示范项目积极推进。中俄签署了丝绸之路经济带与欧亚经济联盟对接的联合声明，中国与欧盟就"一带一路"与欧洲投资计划对接达成重要共识。2015年12月，国务院印发《关于加快实施自由贸易区战略的若干意见》，提出了中国加快实施自由贸易区战略的总体要求，提出要进一步优化自由贸易区建设布局和加快建设高水平自由贸易区。从2012年至2017年7月，中国签署并实施的自贸协定由10个增加到14个，中韩、中澳自贸协定落地生效。2015年6月，中国与澳大利亚签署的自由贸易协定规定，双方各有占出口贸易额85.4%的产品将在协定生效时立即实现零关税。2017年5月，中国与格鲁吉亚签署的自由贸易协定规定，格鲁吉亚对中国 96.5%的产品立即实施零关税，覆盖其自中国进口总额的99.6%；中国对格鲁吉亚93.9%的产品实施零关税，覆盖中国自格鲁吉亚进口总额的93.8%。中国的自贸伙伴由18个国家和地区增加到22个，中国优势产业在海外形成集聚效应，逐步构筑起立足周边、辐射"一带一路"、面向全球的自由贸易区网络。

中共十八大后，中国积极应对对外经济下行压力，加强认识和实践的设计规划，通过深层次改革形成制度优势，探索出务实路径。对外经济整体呈现稳中向好的走势，开放的格局更加宽广、领域更加全面、内容更具深度。2014年中国超过美国，首次成为全球第一大货物贸易国。2016年，中国国内生产总值合11.2万亿美元，占世界经济总量的15%左右，比2012年提高超过3个百分点，居世界第二位。2013年—2016年，中国对世界经济增长的平均贡献率达到30%以上，居世界第一位。中国货物贸易进出口总值24.3万亿元人民币，贸易顺差达到3.4万亿元。

（二）"一带一路"倡议

1. 倡议体现了对外开放进入新阶段的新进展

2013年9月和10月，习近平分别提出的建设"新丝绸之路经济带"和"21世纪海上丝绸之路"构想突破国内局限，在更大的经济发展空间格局内统筹国内国际两个大局，为调动国际国内两个市场、两种资源打开了全新的思路。中共十八届三中全会上正式提出"推进丝绸之路经济带、海上丝绸之路建设，形成全方位开放新格局"。[①]"一带一路"倡议将开放作为一以贯之的主线，把历史、现实与未来连接在一起。

"一带一路"倡议成为中国开放型经济的组成部分和构建全方位开放格局的重要方式。仅就21世纪海上丝绸之路而言，横跨太平洋、印度洋，历经南海、马六甲海峡、孟加拉湾、阿拉伯海、亚丁湾、波斯湾，涉及东盟、南亚、西亚、东北非等相关国家。倡议计划在海丝沿线国家主要交通节点和港口，共建一批经贸园区，吸引各国企业入园投资，形成产业示范区和特色产业园。"一带一路"建设着眼倡议进展的大局，尊重客观经济规律，实实在在地提供国际公共产品，建设和改善铁路、公路、航空、港口等互联互通基础设施通道，以此深化经贸、产业合作交流的能力。

"一带一路"倡议的蓬勃进展极大拉动了沿线国家和地区的贸易与投资，将中国对外开放的层次引向更为深广的领域。在倡议建设实践中，有意识地形成了一批与时俱进的新型丝路符号，增添了绿色丝绸之路、健

---

[①] 《中共中央关于全面深化改革若干重大问题的决定》，《人民日报》2013年11月16日第1版。

2017年5月11日，第十三届中国（深圳）国际文化产业博览交易会，"一带一路"国际馆展示了全球包括"一带一路"沿线国家和地区的传统工艺美术、非物质文化遗产等产品，尽显异域风情。

康丝绸之路、智力丝绸之路、和平丝绸之路等多方面内容。2015年3月，国务院发布《推动共建丝绸之路经济带和21世纪海上丝绸之路的愿景与行动》，对"一带一路"倡议作了明确详尽的阐述，标志着"一带一路"倡议正式进入全面实施阶段。这是对外开放进入新阶段的机制性进展。

"一带一路"倡议表明了中国扩大对外开放，构建合作共赢新秩序的胸怀。正如习近平在"一带一路"国际合作高峰论坛上所说："'一带一路'源自中国，但属于世界。"[1]四年来，倡议的实施正在改变亚欧和东

① 习近平：《习近平在"一带一路"国际合作高峰论坛圆桌峰会上的开幕辞》，习近平系列重要讲话数据库，http://jhsjk.people.cn/article/29277193

非地区的经济格局，给包括中国在内的众多国家和众多产业提供了巨大的发展空间和崭新的机遇。2016年，中国与"一带一路"沿线国家进出口总额6.3万亿元，占中国贸易总额比重25.7%。[①]

2．倡议为全球共同发展注入新动力

"一带一路"倡议向国际社会展现的执行力使之逐渐形成为广泛的国际合作共识。"一带一路"沿线国家相当一部分都处在工业化、城镇化的进程当中，面临着基础设施建设、产业升级等经济社会发展的重大任务。随着西方世界经济危机的一再发生，美欧等发达国家绝对优势地位逐渐丧失，规则主导能力相对下降，构建高度包容的多边协议越来越难得到响应。

"一带一路"倡议陆上依托国际大通道，以沿线中心城市为支撑打造国际经济合作走廊，海上则以重点港口为节点，共同建设通畅安全的运输大通道，共同为全球发展提供动力。四年间，中国以大国的胸怀和担当，采取实际举措首先着力实现沿线国家双边多边公路、铁路、港口、能源、通信等基础设施连接的一体化。如中欧班列迅猛发展，从最初的渝新欧一条线路，发展到数十条。截至2017年5月，中欧班列运行线51条，国内开行城市达到28个，到达欧洲11个国家29个城市，累计开行超过4000列，为各国开展更大范围、更高水平、更深层次的经济合作提供了平台，让经济的血脉更加通畅。[②]

---

① 来源中华人民共和国中央政府网站 http://www.gov.cn/xinwen/2017-02/21/content_5169878.htm
② 《东方风来——政论专题片〈大国外交〉解说词（第五集）》，《人民日报》2017年9月2日第11版。

从区域化融合达成全球化的角度来看，"一带一路"沿线地区是全世界民族、宗教、地缘政治形势最为复杂的地区之一。倡议在经济政策实施、产业布局升级、经济安全维护等方面，面对的是沿线国家差异性极大的经济发展水平、政治制度、意识形态、社会文化习俗等社会经济整体环境。实践证明，以公正合理、开放包容为特征的"一带一路"倡议及其理念下的亚洲基础设施投资银行、丝路基金等，无论是在增长动力、互联意愿的可持续性，还是在操作层面上都较容易获得接受，为全球共同发展提供了重大方案，具有鲜明的亚洲特色和中国特色。2016年11月，第71届联合国大会首次将"一带一路"倡议写入决议，体现了国际社会对倡议为全球发展所作贡献的普遍认可。

3. 倡议为开放型世界经济搭建新平台

开放型世界经济呈现出的是互动发展的演进新趋势，需要落实到具体的路径规划和合作平台上来。如何有效利用多边主义与双边主义的平衡，最大化世界现实和未来的发展利益，需要的是政治智慧和负责任大国的担当。"一带一路"倡议顺应世界发展潮流，以古代丝绸之路为历史和文化的认同基础，但又突破了古代丝绸之路的空间概念和历史局限，形成了充满可能的开放空间和共享平台。倡议旨在推进进一步开放，在空间设置和个体功能上，由国家倡导规划，企业、政党、智库、媒体、非政府组织多种主体参与。这开辟了独属中国，加强与沿线国家全方位合作，共同向世界开放的经济模式。应当指出的是，"一带一路"倡议并非无本之木，更非挑战现有国际和区域既有秩序的另起炉灶，其基础是包容中国与沿线有关国家既有的、行之有效的合作平台，并在此基础上融合创新，建立起各国生产力聚合长效运行的整体框架。

"一带一路"倡议以政策沟通、设施联通、贸易畅通、资金融通、民心相通串起连通东盟、南亚、西亚、北非、欧洲等各大经济板块，为开放型世界经济打造了人类合作共赢的新平台。各国借倡议平台共建共享交通和物流，加强欧亚大陆未来联通。倡议鼓励多元交流，结成情感纽带，致力于打造一个开放、包容、多级的平台，让更多国家能参与进来。资金融通是落实倡议、实现互联互通的核心组成部分。2014年，中国推动组建亚洲基础设施投资银行和丝路基金，为"一带一路"建设提供中长期资本聚合平台。

2015年10月，习近平在中共十八届五中全会上指出："在对外开放进入新阶段后，我国仍将继续坚持奉行互利共赢这一基本理念，具体体现在两个方面：一是在沿海地区培育一批有全球影响力的先进制造基地和经济区，推进国际产能和装备制造合作；二是持续推进'一带一路'建设，深化同有关国家和地区多领域互利共赢的务实合作，建设边境经济合作区和跨境经济合作区。"①结合"一带一路"建设的实际成果，2017年5月，中国作为"一带一路"倡议的发起者，具体而明确地提出了"六廊六路多国多港"②的未来多元合作大平台，并提出"一带一路"合作范围向所有朋友开放。四年间，中国与沿线国家的经济合作伙伴关系更为紧密。中国轻

---

① 习近平：《在党的十八届五中全会第二次全体会议上的讲话》，习近平系列重要讲话数据库，http://jhsjk.people.cn/article/28002398
② "六廊"是指新亚欧大陆桥、中蒙俄、中国－中亚－西亚、中国－中南半岛、中巴和孟中印缅六大国际经济合作走廊。"六路"指铁路、公路、航运、航空、管道和空间综合信息网络，是基础设施互联互通的主要内容。"多国"是指一批先期合作国家。

工、纺织、建材等传统优势产业和装备制造业投资设厂，沿线国家能源、资源开发合作一体化发展迅速。同时，深化海关、质检、电子商务、货运运输等全方位合作，努力消除关税和非关税壁垒，为货畅其流创造出了更好条件。截至2016年底，中国企业已在"一带一路"沿线20多个国家建设56个经贸合作区，累计投资超过185亿美元，为东道国创造了近11亿美元税收和18万个就业岗位。[①]

　　"一带一路"倡议是中国开放型经济的组成部分和构建多元平衡开放体系的重要方式。2013年以来共建"一带一路"的历程和成就将倡议联接为一个中国全面开放的新进展、新动力和新平台的崭新系统。从倡议的总体层面来看后金融危机时代中国对外开放格局，可以从两个视角来观察。一是全球化价值链塑造的视角，二是区域交融联通的视角。古老的丝绸之路是由一系列的网点港口为节点联接而成的国际贸易网络，范围覆盖大半个地球，是一个开放演化、具有适应性的复杂网络系统。丝绸之路是国际贸易的载体，多起点、多航线的国际贸易也深化了全球文化的内涵。在"一带一路"倡议中，沿线各国在产业内、产业间都有很强的互补性和独特优势，尤其是沿线国家的产能未完全发挥出来，产业链也比较单薄，未来合作空间广阔。

---

① 《积极加强沟通　共同出谋划策　联手推进协作　汇聚共建一带一路的强大力量》，《人民日报》2017年9月20日第9版。

# 六、生态环境治理的初步成果

改革开放40年的高速发展走过了西方发达国家数百年的发展历程，提高可持续发展能力极其重要。中共十八大后的5年间，中国政府贯彻新发展理念，崇尚创新、注重协调、倡导绿色、厚植开放、推进共享，健全完善贯彻落实新发展理念的体制机制。十八大把生态文明建设纳入中国特色社会主义事业五位一体总体布局，明确提出大力推进生态文明建设，努力建设美丽中国，实现中华民族永续发展。2013年到2017年，在淘汰水泥、平板玻璃等落后产能基础上，退出钢铁产能1.7亿吨以上、煤炭产能8亿吨。重点流域海域水污染防治得到加强，化肥农药使用量实现了零增长。推进了一系列重大生态保护和修复工程，加强荒漠化、石漠化、水土流失综合治理，共治理沙化土地1.5亿亩，全国完成造林5.08亿亩，森林覆盖率达到21.66%，成为五年来全球森林资源增长最多的国家。

雾霾治理是十八大后中国政府下大力气去整治的领域。2013年9月，国务院发布关于大气污染防治措施的"大气十条"，各地细化了具体的配套政策加以贯彻落实，推行气代煤和扩大使用洁净煤，在价格政策、税收政策、投资政策等方面予以考核等。2017年较2013年全国338个地级及以上城市可吸入颗粒物（PM10）平均浓度下降22.7%，京津冀、长三角、珠三角等重点区域细颗粒物（PM2.5）平均浓度分别下降39.6%、34.3%、27.7%。中国积极参与国际绿色治理，改善生态环境的成就得到国际社会赞誉，并为世界贡献了中国方案。2016年，联合国环境规划署发布《绿水青山就是金山银山：中国生态文明战略与行动》报告。2017年又发布《中国库布其生态财富评估报告》，将中国治沙经验列为样板。2015年12月，在巴黎气候变化大会上，《联合国气候变化框架公约》196个缔约方通过《巴黎协定》，为2020年后全球应对气候变化作出安排。中国不仅是达成协定的重要推动力量，也是坚定的履约国。

生态文明制度建设成果显著，基本建立源头严防、过程严管、后果严惩的生态环境保护基础性框架。2015年4月，中共中央、国务院印发《关于加快推进生态文明建设的意见》，明确了生态文明建设的总体要求、目标愿景、重点任务、制度体系。同年9月，《生态文明体制改革总体方案》公布，提出自然资源资产产权制度、国土空间开发保护制度、资源有偿使用和生态补偿制度等8项制度，作为生态文明制度体系的顶层设计。生态文明建设目标评价考核办法颁布，考核促进各地推动生态文明建设；实行河长制、湖长制；试行生态环境损害赔偿制度；开启生态保护红线战略，严格保护重要生态空间。生态环保领域的法制建设也不断健全。《大气污染防治行动计划》《水污染防治行动计划》《土壤污染防治行动计划》陆续出台，2015年，重在打击环境违法犯罪的新环保法开始实施，增加按日连续计罚等执法手段，提高环境违法成本。

中共十八大后，中央环境保护督察成为生态文明建设的一项重要制度安

经过治理，北京的空气质量明显好转。图为2017年2月6日，北京天蓝气爽，好似水彩画般唯美。

排。2015年底，中央环保督察在河北省开始试点，2016年7月至8月，第一批8个中央环境保护督察组对内蒙古、黑龙江、江苏、江西、河南、广西、云南、宁夏等8省（区）开展环境保护督察，并于2016年11月完成督察反馈，同步移交100个生态环境损害责任追究问题。2016年11月、2017年4月和8月又分别在30个省区市，开展环境保护督察，实现了中央环保督察全覆盖。

河长制也是中共十八大后生态文明制度建设的一项制度创新。中国的水问题复杂，为完善水治理体系、保障国家水安全，2016年12月，中共中央办公厅、国务院办公厅印发《关于全面推行河长制的意见》，由中国各级党政主要负责人担任"河长"，负责组织领导相应河湖的管理和保护工作。河长制落实了属地责任，水管理的长效机制初步建立。

# 七、社会体制改革与民生幸福

改革开放后的民族昌盛和国家富强，使得个人的全面发展受到重视。随着工业化、城镇化、人口老龄化的发展以及生态环境、生活方式变化，民生问题面临一系列新挑战。中共十八大后，中国已跨越了解决基本温饱的阶段，人民群众对民生幸福的追求更迫切。中国政府将民生事业摆在协调推进"四个全面"的重要位置，创新体制机制全面深化改革，让改革成果更多、更公平地惠及全体人民。

## （一）教育体制改革

中共十八大以来，中国政府高度重视教育事业，不断改革创新，使人民获得更好、更公平的优质教育。中共十八届三中全会将教育领域的改革作为"人民最关心最直接最现实的利益问题"。学前教育、义务教育、职业教育、高等教育创新多项人才培养体制、办学体制、教育管理体制，改革教学内容、方法、手段，实现了从规模扩张到结构转型、内涵发展质的飞跃。在顶层设计上，中央全面深化改革领导小组审议通过《关于深化考试招生制度改革的实施意见》《统筹推进世界一流大学和一流学科建设总体方案》《乡村教师支持计划（2015—2020年）》《关于深化教育体制机制改革的意见》四个方案，改革力度大、范围广、影响深，教育改革深入开展。义务教育探索学区制、集团化办学等一系列均衡区域教育资源，优质资源共建共享的改革。2016年，中国政府明确"一个不低于、两个只增不减"要求：保证国家财政性教育经费支出占国内生产总值的比例一般不低于4%，确保财政一般公共预算教育支出逐年只增不减，确保按在校学生人数平均的一般公共预算教育支出逐年只增不减。城乡义务教育"两免一补"政策统一，2012年面向农村和贫困地区的定向招生专项计划启动，贫困地区农村学生上学更为容易。更多贫困学子通过接受良好教育脱贫致富、改变命运、服务家乡，阻断贫困代际传递。高考改革取得突破性进展，分类考试、综合评价的考试制度加快建立。2017年，上海、浙江高考综合改革开始试点。中国各学段入学率均超过了中高收入国家平均水平，教育发展水平进入世界中上行列。中共十八大对教育的根本任务作出了新概括："把立德树人作为教育的根本任务"，明确了教育的根本任务是育人。2017年，国家教材委员会成立，由教育部统编的义务教育阶段道德与法治、语文、历史教材开始使用，课堂教学、校园文化和社会实践多位一体的育人平台逐渐形成。高校思想政治理论课不断改进，做到了入耳、入脑、入心。广大青少年从小熟悉历史、了解国情，正确的历史观、民族观、国家观、文化观扎根心底。2014年，《关于加快发展现代职业教育的决定》印发，以"中国特色、世界水平"的现代职业教育体系为目标，人才培养紧密对接经济社会发展需求和产业结构调整升级，校企合作、产教融合，提高职业教育的质量。

中共十八大后，在国家对外开放的大局中，教育开放也进一步扩大。出国留学人员规模不断增长。2016年，中国出国留学人员总数为54.45万人，较2012年增长36.26%；留学回国人员总数为43.25万人，较2012年增长58.48%。越来越多的国际学生来华学习教育、理科、工科、农学等专业，中国成为亚洲最大留学目的地国家，2017年，留学生规模突破44万人。

**（二）科技体制改革**

中共十八大提出实施创新驱动发展战略。2016年3月5日，习近平在参加上海代表团审议时说，在五大发展理念中，创新发展理念是方向、是钥匙，要瞄准世界科技前沿，全面提升自主创新能力，力争在基础科技领域作出大的创新、在关键核心技术领域取得大的突破。同时，创新发展居于首要位置，是引领发展的第一动力。

实施创新驱动发展战略，培育经济发展新动能，迫切需要改革科技体制。围绕全面深化改革总目标，科技体制改革全面深化，释放出新的动力和活力。在顶层设计上，2015年8月，《深化科技体制改革实施方案》印发，作为中央关于经济体制领域"四梁八柱"性质的综合性改革方案之一，提出到2020年需要完成的10个方面32项举措143项任务，给出明确时间表与路线图。科技体制改革的范围从科研领域扩展至经济、社会、政府治理等各相关领域，着力点从研发管理转向创新服务，受惠面从科技人员扩大到广大人民群众，改革的关联性、复杂性、影响力大大提高。到2017年底，任务完成了2/3。2016年全国科技创新大会召开，发布《国家创新驱动发展战略纲要》，确定"三步走"战略目标和"一个体系、双轮驱动、六大转变"战略布局，关于实施创新驱动发展战略的顶层设计形成系统部署。

此后，各项政策进一步落实落地。2016年底，西安交通大学"煤炭超临界水气化制氢发电多联产技术"以1.5亿元高价转让，其所得收益的70%被用于对该技术研发团队的股权奖励，成为科技成果转移转化、科研人员可以凭成果致富的典型。科技体制改革成效显著，十八大后，中国科技取得了神舟飞天、嫦娥探月、蛟龙入海、"天眼"巡空、北斗组网、大飞机首飞等成果。共享单车、移动支付等融合多种科技成果的新型商业模式，改变了人们的生活方式。

### （三）推进健康中国建设

中共十八大后，中国特色基本医疗制度加快建立，群众获得更多实惠。一是更为广泛的覆盖面。全国医改取得新进展，基本医保覆盖全体居民。医疗卫生工作重心下移、医疗卫生资源下沉，为群众提供安全有效方便价廉的公共卫生和基本医疗服务。县级公立医院综合改革全面推开，城市公立医院改革试点扩大到100个城市，分级诊疗、药品招标采购、便民惠民、促进医患和谐等工作扎实有序推进。二是开始构建大病保障制度，不断发展医疗救助制度。2012年8月，《关于开展城乡居民大病保险工作的指导意见》印发，明确大病保险是基本医疗保障制度的拓展和延伸。2015年8月，《关于全面实施城乡居民大病保险的意见》发布，在扩大合规医疗费用范围、强化商业保险机构承办、促进部门协同等方面作出进一步规定。2016年7月，《关于做好2016年城乡居民大病保险工作的通知》

印发，对进一步做好大病保险工作提出具体要求。十八大后，中国的大病保险制度实现了从无到有，从地方试点到全面推开，逐步扩大覆盖人群，同时由商业保险机构承办，充分发挥商业保险在专业管理和服务等方面的优势，不断提高保障能力，在解决群众因大病致贫、返贫方面发挥了至关重要的作用。

习近平指出，没有全民健康就没有全面小康。健康是国家富强和人民幸福的重要标志。中共十八届五中全会作出"推进健康中国建设"的战略决策，促进人的全面发展，为全面建成小康社会奠定基础。2016年10月25日，《"健康中国2030"规划纲要》发布，成为首次在国家层面提出保障人民健康的长期战略规划，也是中国积极参与全球健康治理、履行联

2017年1月5日，2016体育大生意年度峰会在北京进行，大会在作《健康中国2030》与中国体育产业发展的主题演讲。

合国"2030可持续发展议程"国际承诺，展现良好国家形象的重要举措。《纲要》总结了中国健康领域改革发展的成就，提出将"大健康观""大卫生观"理念融入公共政策制定实施的全过程，围绕总体健康水平、健康影响因素、健康服务与健康保障、健康产业、促进健康的制度体系等方面设置了若干主要量化指标。《纲要》提出健康中国"三步走"的目标，即"2020年，主要健康指标居于中高收入国家前列"，"2030年，主要健康指标进入高收入国家行列"的战略目标，并展望2050年，提出"建成与社会主义现代化国家相适应的健康国家"的长远目标。

# 八、文化体制改革

中共十八大后，随着文化体制改革步入深水区，深层次矛盾和问题集中暴露，改革难度明显加大。五年间，文化体制改革取得了重大阶段性成效。一是加强了党对意识形态工作的领导，党的理论创新全面推进，马克思主义在意识形态领域的指导地位更加鲜明，中国特色社会主义和中国梦深入人心，社会主义核心价值观和中华优秀传统文化广泛弘扬，群众性精神文明创建活动扎实开展。

二是公共文化服务体系建设不断完善。公共文化服务是保障人民群众基本文化权益的重要基础，也是改善民生的一项重要内容。2015年1月，《关于加快构建现代公共文化服务体系的意见》印发，首次把标准化均等化作为重要制度设计和工作抓手。各地各有关部门坚持政府主导、社会参与、重心下移、共建共享，补齐短板、提高效能，打通公共文化服务"最后一公里"。2017年3月，《公共文化服务保障法》开始施行，这是文化立法的重大突破，公共文化建设纳入了法治化、规范化轨道。公共文化资源配置进一步向基层倾斜。2012年以来，中央财政投入16亿元支持214个地市级公共图书馆、博物馆和文化馆新建和改扩建。文化部等联合印发

《关于推进县级文化馆图书馆总分馆制建设的指导意见》，将县级文化馆、图书馆的优质资源输送到乡村。

三是文化事业和文化产业蓬勃发展。中共十八大后，人民群众文化消费需求日趋旺盛，文化消费成为新兴消费热点，各类文化市场发展繁荣，互联网上网服务行业、文化娱乐行业转型升级初见成效。各地和有关部门适应经济发展新常态，着眼供给侧发力，积极构建现代文化市场体系和文化产业体系，推动文化产业成为经济增长新动能和新引擎。2016年，全国文化及相关产业增加值从2012年的18071亿元增加到30254亿元，首次突破3万亿元，占GDP的比重从2012年的3.48%提高到4.07%。随着大数据、"互联网＋"、虚拟现实技术等新模式和新技术的不断涌现，电影、电视、手机、互联网、动漫、游戏等文化形态或媒介逐渐融合，正在形成宽泛的媒介产业，产生衍生价值。

四是中国文化"走出去"，传递中国声音、传播中华文化、展示中国形象，讲好真实精彩的中国故事。中共十八大以来，中国日益走近世界舞台的中央，结合"一带一路"建设，政府间文化交流合作不断深化。中国与157个国家和地区签署了文化合作协定，高级别人文交流机制向更高层次发展，多边文化交流合作更加深入。加强与联合国教科文组织等国际组织的合作，深度参与文化领域国际规则的制定。中共十八大后，《关于进一步加强和改进中华文化走出去工作的指导意见》《关于加快发展对外文化贸易的意见》《关于加强"一带一路"软力量建设的指导意见》等文件先后印发，中国的国际文化话语权不断提升，国家软实力获得新提升。这些人文交流展现了中华文明深厚底蕴，夯实了中外友好民意基础，树立了中国开放、包容、合作的良好形象。

　　中共十八大后，中国文艺创作持续繁荣，电视纪录片《将改革进行到底》、电影《战狼》、电视剧《海棠依旧》、戏剧《麻醉师》等文艺作品获得口碑和收视、票房、发行丰收，成为生动例证。

# 九、军队改革、中国特色大国外交

## （一）军队改革

中共十八大后，党中央、中央军委着力以改革解决制约国防和军队建设的体制性障碍、结构性矛盾、政策性问题，推进军队组织形态现代化，国防和军队改革取得历史性突破。2015年11月，习近平在中央军委改革工作会议上发出动员令：全面实施改革强军战略，坚定不移走中国特色强军之路。经过改革，一是军队组织架构实现历史性变革。打破了总部体制、大军区体制和大陆军体制，成立陆军领导机构、火箭军、战略支援部队；调整组建15个军委机关职能部门，把七大军区调整划设为东部、南部、西部、北部、中部五大战区；完成海军、空军、火箭军、武警部队机关整编工作，实施联勤保障体制改革，组建军委联合作战指挥机构和战区联合作战指挥机构。中国军队初步构建起"军委管总、战区主战、军种主建"的领导指挥体制。进行规模结构和力量编成改革，优化军兵种比例，裁减军队现役员额30万，军队规模将逐步减至200万。充实加强远程打击、信息支援等新型作战力量，推动军队由数量规模型向质量效能型、由人力密集型向科技密集型转变，部队编成向充实、合成、多能、灵活方向发展，构建能够打赢信息化战争、有效履行使命任务的中国特色现代军事力量体系。

二是从思想上政治上建设军队。2014年，习近平在古田召开的全军政治工作会议上精辟概括"11个坚持"的优良传统，指出了10个方面突出问题。人民军队的政治生态焕然一新，一系列改革举措密集推出见效：组建新的军委纪委、新的军委政法委，调整组建军委审计署；全面停止军队有偿服务；出台《关于新形势下深入推进依法治军从严治军的决定》等法规制度；组织修订《中华人民共和国现役军官法》，推进建立军官职业化制度；构建完善军人荣誉制度体系，首次组织评授"八一勋章"等。

2015年7月18日，北京，国防科技工业军民融合发展成果展展示了近千项具有代表性的军转民重大成果和产品。

三是加强以军民融合发展为特点的部队自主科技建设。建立中央军委科学技术委员会，军委机关有关部门设立专门机构专司军民融合发展指导、协调和推进工作，以重塑国防大学、国防科技大学为牵引构建新型军事人才培养体系。加速研发布局适应信息化战争的新型武器装备，研发成功空军主力战机迈进歼-20、运-20领衔的"20"时代，中国东风系列战略导弹。

### （二）中国特色大国外交不断前行

中共十八大后，面对国际形势的风云变幻，中国统筹国内国际两个大局，在坚持不结盟原则的前提下深入开展全方位外交，推动全球治理新变革。中国特色大国外交理论与实践创新不断开创性推进，外交战略布局实现新拓展，中国外交呈现新特色、新风格、新气派，取得了历史性成就。

大国关系框架健康稳定。2013年以来，中美元首多次会晤，推动中美新型大国关系建设取得重要成果。美国新一届政府就职后，中美最高领导人举行会晤，明确了中美关系发展方向和原则，规划了双边合作优先领域和机制，加强了国际地区事务沟通协调。中俄高层交往频繁，战略互信加深，"一带一路"与欧亚经济联盟建设对接合作有序推进，天然气管道、高铁、航空航天等大项目合作取得突破性进展，中俄全面战略协作伙伴关系不断迈向更高水平，并超出双边范畴，为地区稳定与世界和平注入强大正能量。中国倡导打造和平、增长、改革、文明四大伙伴关系，赋予中欧全面战略伙伴关系新内涵，同欧洲国家、次区域及欧盟机构合作全面深入发展，同新兴力量和发展中大国合作迈上新台阶。

2013年10月，习近平在周边外交工作座谈会上提出"亲、诚、惠、容"四字理念，打造周边命运共同体。中国提出中国—东盟"2+7"合作框架，与东盟制定2016年至2020年合作行动计划，正式启动澜沧江—湄公河合作机制。推动中日韩合作重拾发展势头。中国与南亚国家合作显著增强。同中亚国家实现战略伙伴关系全覆盖。弘扬"上海精神"，深化团结协作，推动上海合作组织发展进入新阶段。

加强同发展中国家团结合作，在各自发展进程中相互支持、共同进步。习近平提出真实亲诚的对非工作方针和中非"十大合作计划"，确立了中非全面战略合作伙伴关系新定位，把中非合作推向新的历史高度。中国同拉美国家创立中拉论坛，共同打造中拉关系"五位一体"新格局。同阿拉伯国家致力于构建战略合作关系，同太平洋建交岛国建立战略伙伴关系，实现同发展中国家整体合作机制全覆盖。

中共十八大后，中国国际地位和影响力得到新跃升，多边外交成果丰硕。中国深入参与全球治理作出顶层设计和行动规划，为世界和平发展、合作共赢贡献智慧，提供方案。中国倡导创立亚洲基础设施投资银行和金砖国家新开发银行；人民币纳入国际货币基金组织特别提款权货币篮子，中国在国际货币基金组织和世界银行的份额和投票权升至第3位。中国成功举办亚太经合组织领导人北京会议、二十国集团领导人杭州峰会。2017年，习近平出席世界经济论坛年会并访问联合国日内瓦总部，宣示中国推动共建人类命运共同体的决心和承诺，国际社会对此予以高度评价和一致赞赏，中国理念逐步成为国际共识。

中共十八大后，中国成功举办中国人民抗日战争暨世界反法西斯战争胜利70周年纪念活动，发出维护第二次世界大战胜利成果、捍卫世界和平的时代强音。中国坚定致力于政治解决国际和地区热点问题，努力发挥弥合分歧、劝和促谈的建设性作用。坚持朝鲜半岛无核化目标，坚持通过对话谈判解决半岛核问题。积极参与伊朗核、叙利亚、南苏丹、阿富汗等问题解决进程，宣布建立联合国和平与发展基金，率先组建常备成建制维和警队及8000人规模的维和待命部队，彰显负责任大国形象。

# 小　结

　　中共十八大召开后的五年，是改革开放进程中极不平凡的五年。这一阶段，提出了新的发展理念，明确了政府与市场的关系，确立了中国特色社会主义事业"五位一体"总体布局和"四个全面"战略布局，以全面从严治党和供给侧结构性改革为重点，使改革在重要领域和关键环节改革取得重大突破，并向纵深推进。在对外开放方面，中国对世界经济发展的贡献突出，中国倡议并积极参与实施的"一带一路"建设得到越来越多国家和地区的响应，成就斐然。

# 第六章
## 中共十九大和向"两个一百年"目标迈进
## （2017—2018）

中共十九大提出决胜全面建成小康社会，夺取新时代中国特色社会主义伟大胜利。在继中共十八后五年间改革开放取得深层次、根本性成果后，中国共产党和中国政府总结各地改革实践经验，用全局观念和系统思维谋划新的改革，新一轮改革大潮涌起，中国的改革开放再出发。

# 一、中共十九大和
# 习近平新时代中国特色社会主义思想

2017年10月18日至10月24日，中共十九大在北京举行。习近平代表第十八届中央委员会向大会作了题为《决胜全面建成小康社会 夺取新时代中国特色社会主义伟大胜利》的报告。报告中明确指出，中国特色社会主义是改革开放以来党的全部理论和实践的主题。基于此，大会的主题是：不忘初心，牢记使命，高举中国特色社会主义伟大旗帜，决胜全面建成小康社会，夺取新时代中国特色社会主义伟大胜利，为实现中华民族伟大复兴的中国梦不懈奋斗。

中共十九大宣告："中国特色社会主义进入了新时代，这是我国发展新的历史方位。"这是一个科学的重大判断。这一判断，基于改革开放40年历程和中共十八大以来中国共产党治国理政的新实践新成就。改革开放40年来，中国共产党走自己的路、建设中国特色社会主义，中国的经济实力、科技实力、国防实力、综合国力进入世界前列，国际地位实现前所未有的提升，党的面貌、国家的面貌、人民的面貌、军队的面貌、中华民族的面貌发生了前所未有的变化，中华民族正以崭新姿态屹立于世界的东方。十九大强调，对中华民族而言，这意味着近代以来久经磨难的中华民族迎来了从站起来、富起来到强起来的伟大飞跃；对科学社会主义而言，意味着科学社会主义在21世纪的中国焕发出强大生机活力；对人类社会而言，意味着为解决人类问题贡献中国智慧和中国方案。

中国共产党对改革开放的认识，达到了新的高度，认为只有改革开放才能发展中国、发展社会主义、发展马克思主义。改革开放是习近平新时代中国特色社会主义思想中的重要内容，在治国理政战略部署中的方方面面得到了充分体现。中国共产党人认识到，中国发展不平衡不充分的问题仍然突出，发展质量和效益仍待提高，人民在经济、政治、文化、社会、生态等方面的需要日益增长，人的全面发展、社会全面进步有待更好地

2017年10月18日，中国共产党第十九次全国代表大会在北京人民大会堂开幕。

推动。十九大认为中国社会主要矛盾发生了历史性新变化，已转化为"人民日益增长的美好生活需要和不平衡不充分的发展之间的矛盾"。这意味着，人民对美好生活需要，已不仅对物质文化生活提出了更高要求，而且在民主、法治、公平、正义、安全、环境等方面的要求日益增长；中国社会生产力水平总体上显著提高，更突出矛盾是城乡、区域、收入分配等存在的不平衡不充分等问题，这已成为满足人民日益增长的美好生活需要的主要制约因素。十九大党章修正案在总纲部分，增写了坚持创新、协调、绿色、开放、共享的发展理念的内容。新发展理念是习近平新时代中国特色社会主义思想的重要内容，是中国改革开放40年来发展经验的集中反映，体现了党对发展规律新认识的理论化制度化，具有重要意义。

十九大还谋划了新时代把中国建成社会主义现代化强国的宏伟蓝图，即"两个一百年"的奋斗目标：2020年基本完成工业化和整体脱贫任务，全面建成小康社会，以此作为2021年中国共产党成立一百年的奋斗目标；然后再分两步走，到2035年基本实现社会主义现代化，到21世纪中叶，将中国建成富强民主文明和谐美丽的社会主义现代化强国，以此作为2049年中华人民共和国建立一百年的奋斗目标。

中共十九大对今后一个时期党和国家各项事业发展的顶层设计和总体布局，是围绕上述目标而制定的。会后在经济、政治、文化、社会、生态、国防、外交以及党的建设等各个方面提出了上百条改革开放的新举措。如加强党的全面领导、深化供给侧结构性改革、加快建设创新型国家、实施乡村振兴战略、实施区域协调发展战略、加快完善社会主义市场经济体制、推动形成全面开放新格局等。

中共十九大把习近平新时代中国特色社会主义思想确立为中国共产党必须长期坚持的指导思想，用"八个明确"概括了这一重大思想的理论框架。习近平新时代中国特色社会主义思想对新时代坚持和发展什么样的中国特色社会主义、怎样坚持和发展中国特色社会主义这个重大时代课题做出了创造性的回答。明确坚持和发展中国特色社会主义，总任务是实现社会主义现代化和中华民族伟大复兴，在全面建成小康社会的基础上，分两步走在21世纪中叶建成富强民主文明和谐美丽的社会主义现代化强国；明确新时代中国社会主要矛盾是人民日益增长的美好生活需要和不平衡不充分的发展之间的矛盾，必须坚持以人民为中心的发展思想，不断促进人的全面发展、全体人民共同富裕；明确中国特色社会主义事业总体布局是"五位一体"、战略布局是"四个全面"，强调坚定道路自信、理论自信、制度自信、文化自信；明确全面深化改革总目标是完善和发展中国特色社会主义制度、推进国家治理体系和治理能力现代化；明确全面推进依法治国总目标是建设中国特色社会主义法治体系、建设社会主义法治国家；明确中国共产党在新时代的强军目标是建设一支听党指挥、能打胜仗、作风优良的人民军队，把人民军队建设成为世界一流军队；明确中国特色大国外交要推动构建新型国际关系，推动构建人类命运共同体；明确中国特色社会主义最本质的特征是中国共产党领导，中国特色社会主义制度的最大优势是中国共产党领导，党是最高政治领导力量，提出新时代党的建设总要求，突出政治建设在党的建设中的重要地位。

# 二、"五位一体"总体布局和"四个全面"战略布局的继续贯彻

中共十九大对中国社会主义现代化建设作出新的战略部署，并将统筹推进"五位一体"总体布局和协调推进"四个全面"战略布局写入修改后的党章。报告明确以"五位一体"的总体布局推进中国特色社会主义事业，从经济、政治、文化、社会、生态文明五个方面，制定了新时代统筹推进"五位一体"总体布局的战略目标，是新时代推进中国特色社会主义事业的路线图，是更好推动人的全面发展、社会全面进步的任务书。

"四个全面"是具有内在逻辑关系的有机整体，全面建成小康社会是战略目标，其余三项是不可或缺的战略举措。三项战略举措中，全面深化改革是具有突破性和先导性的关键环节。中共十九大指出，全面深化改革总目标是完善和发展中国特色社会主义制度，推进国家治理体系和治理能力现代化。全面依法治国是要把党的领导贯彻落实到依法治国全过程和各方面，坚定不移走中国特色社会主义法治道路，完善以宪法为核心的中国特色社会主义法律体系，建设中国特色社会主义法治体系，建设社会主义法治国家，发展中国特色社会主义法治理论，坚持依法治国、依法执政、

依法行政共同推进，坚持法治国家、法治政府、法治社会一体建设，坚持依法治国和以德治国相结合，依法治国和依规治党有机统一，深化司法体制改革，提高全民族法治素养和道德素质。全面从严治党就是要以党章为根本遵循，把党的政治建设摆在首位，思想建党和制度治党同向发力，统筹推进党的各项建设，抓住"关键少数"，坚持"三严三实"，坚持民主集中制，严肃党内政治生活，严明党的纪律，强化党内监督，发展积极健康的党内政治文化，全面净化党内政治生态，以零容忍态度惩治腐败，不断增强党自我净化、自我完善、自我革新、自我提高的能力，始终保持党同人民群众的血肉联系。

# 三、经济体制改革

中共十九大对中国经济的基本判断是：经济已由高速增长阶段转向高质量发展阶段，正处在转变发展方式、优化经济结构、转换增长动力的攻关期，建设现代化经济体系是跨越关口的迫切要求和中国发展的战略目标。据此提出，"加快完善社会主义市场经济体制"。实现中国经济从高速增长向高质量发展的转换，建设与高质量发展阶段相适应的现代化经济体系是十九大后经济体制改革的重大任务和当务之急。深化供给侧结构性改革是建设现代化经济体系的主线，构建市场机制有效、微观主体有活力、宏观调控有度的经济体制成为改革的具体目标。

宏观调控方面，中共十九大提出健全财政、货币等经济政策协调机制。财政政策加快建立现代财政制度，建立权责清晰、财力协调、区域均衡的中央和地方财政关系。健全货币政策和宏观审慎政策双支柱调控框架，深化利率和汇率市场化改革。在国有企业改革方面，中共十九大指出，"深化国有企业改革，发展混合所有制经济，培育具有全球竞争力的世界一流企业"。中共十九大后，国有经济布局优化、结构调整、战略性重组的进程加快。中共十九大提出实施区域协调发展战略，对区域发展作

随着京津冀协同发展战略不断推进，两地"中关村"携手打造创新共同体。图为天津滨海－中关村科技园

出新部署：以城市群为主体构建大中小城市和小城镇协调发展的城镇格局，加快农业转移人口市民化。中共十九大后，中国更加重视制定和实施区域发展总体战略，重点实施"一带一路"建设、京津冀协同发展、长江经济带发展。中国区域发展的整体性协调性开放性进一步增强，区域协调发展呈现良好局面。革命老区、民族地区、边疆地区、贫困地区也在加快发展，西部大开发形成新格局。东北等老工业基地振兴、中部地区崛起、东部地区优化发展的一系列改革举措将建立更加有效的区域协调发展新机制。

# 四、机构和行政体制改革

中共十九大指出，为适应新时代中国特色社会主义现代化，要进一步深化机构和行政体制改革。政府机构和行政体制改革的目标是要"转变政府职能，深化简政放权，创新监管方式，增强政府公信力和执行力，建设人民满意的服务型政府"，明确了改革方向，为指导服务型政府建设提供了行动路线图：统筹考虑各类机构设置，科学配置党政部门及内设机构权力、明确职责；统筹使用各类编制资源，形成科学合理的管理体制，完善国家机构组织法；赋予省级及以下政府更多自主权。在省市县对职能相近的党政机关探索合并设立或合署办公。2018年2月，中共十九届三中全会作出了深化党和国家机构改革的决定。3月，新一轮国务院机构改革开始。本轮机构改革不局限在国务院或者行政层面的机构改革和职能优化，而是涉及党、政府、人大、政协、司法、军队、事业单位、群团、社会组织等全方位的机构改革。改革后，国务院正部级机构减少8个，副部级机构减少7个，新组建或重新组建自然资源部、生态环境部、农业农村部、文化和旅游部、国家卫生健康委员会、退役军人事务部、应急管理部、科学技术部、司法部、水利部、审计署；不再保留监察部、国土资源部、环境保护部、农业部、文化部、国家卫生和计划生育委员会；除国务院办公厅外，国务院设置组成部门26个。改革力度之大，覆盖范围之广，前所未有。2018年5月，32个新组建或重新组建部门和9个职能划转较多的部门，均制定了组织实施工作方案并报批；应集中办公的32个新组建或重新组建部门中，有31个实行了集中办公；应挂牌的25个新组建或重新组建部门中，有24个挂了牌。机构改革的第一阶段工作目标基本完成。

截至2018年9月11日，已有国务院组成部门的8家单位公开了三定方案（只能配置、内设机构和人员编制规定），整体改革进度正有序推进，党和国家机构改革争取今年年底全部落实到位。

# 五、乡村振兴战略的提出

在全面建成小康社会过程中，农村还普遍存在基础设施和公共服务不能满足需要、资源要素活力不足、"空心化"趋势明显等问题，这都需要通过深化改革来解决。中共十九大强调，农业农村农民问题是关系国计民生的根本性问题，必须始终把解决好'三农'问题作为全党工作重中之重。2016年，中国政府以供给侧改革为主线，连续出台了《全国农业现代化规划（2016—2020年）》《粮食行业"十三五"发展规划纲要》《全国农村经济发展"十三五"规划》等多个农业领域中长期规划文件，这为十九大后的农村改革提供了具体路径。

土地制度改革继续深入。中共十九大明确，保持土地承包关系稳定并长久不变，第二轮土地承包到期后再延长30年，土地制度改革的多项试点继续深入推进。土地流转和适度规模经营成为改革的趋势，农户承包土地的经营权流转明显加快，与社会主义市场经济体制相适应的土地制度加快形成。农村改革的顶层设计不断完善，中共十九大首次提出实施乡村振兴战略，并将其写入党章。2018年1月，改革开放以来第20个指导"三农"工作的中央一号文件发布，指出了实施乡村振兴战略意义，并对战略实施进行了全面部署，乡村建设成为中国农村改革的关注焦点。文件以农村存在的问题为导向，从提升农业发展质量、推进乡村绿色发展、繁荣兴盛农村文化、构建乡村治理新体系、提高农村民生保障水平、打好精准脱贫攻坚战、强化乡村振兴制度性供给、强化乡村振兴人才支撑、强化乡村振兴投入保障、坚持和完善党对"三农"工作的领导等方面进行安排部署。实施乡村振兴战略是一项长期的历史性任务，文件提出了实施乡村振兴战略的目标任务：到2020年，乡村振兴取得重要进展，制度框架和政策体系基本形成；到2035年，乡村振兴取得决定性进展，农业农村现代化基本实现；到2050年，乡村全面振兴，农业强、农村美、农民富全面实现。2018年中央一号文件重视乡村振兴人才支撑，对乡村振兴所需人才界定为

四川省华蓥市禄市镇凉水井村利用滩涂地建起的湿地公园。

农业现代化人才和农村现代化人才两类。在乡村振兴人才的体制机制建设方面，创新性地提出开展职业农民职称评定等，有助于提升职业农民的专业化水平，形成激励作用。2018年5月，中共中央政治局会议进一步强调实施乡村振兴战略意义和地位，审议《乡村振兴战略规划（2018—2022年）》，规划指导各地各部门从农村产业发展、人居环境整治、基础设施建设、公共服务开展等方面有序分类推进乡村振兴。

# 六、生态文明建设继续推进

　　经过中共十八大以来加强生态环境保护、绿色生产消费模式转变、环境执法监督的各方面举措，中国生态环境总体在持续改善，生态文明建设也取得了长足发展。但是，传统工业化道路的发展已经产生了一些负面影响，粗放型经济增长方式所导致的资源环境破坏和经济社会可持续发展面临的困境，都不是一朝一夕能够解决的。十九大将"坚持人与自然和谐共生"纳入新时代坚持和发展中国特色社会主义的基本方略，进一步提出加快生态文明体制改革，建设美丽中国的要求。中共十九大通过的《中国共产党章程（修正案）》，再次强化了"增强绿水青山就是金山银山的意识"。生态文明建设关系人民福祉和民族未来观念更为深入，各级党政领导干部"绿水青山就是金山银山"的新政绩观也更为明确，贯彻绿色发展理念的自觉性和主动性增强，忽视资源节约和环境保护的状况发生极大改变。2018年3月11日，十三届全国人民代表大会第一次会议通过《中华人民共和国宪法修正案》，生态文明正式写入国家根本法，实现了党的主张、国家意志、人民意愿的高度统一。降低单位产出污染是经济结构调整的难题，也是国家长期可持续发展的重要组成部分，2018年5月，中共中央政治局会议提出使主要污染物排放总量继续明显减少，生态环境品质总体改善。5月18日，习近平在全国生态环境保护大会上强调，要自觉把经济社会发展同生态文明建设统筹起来，充分发挥中国共产党的领导和中国社会主义制度能够集中力量办大事的政治优势，充分利用改革开放40年来积累的坚实物质基础，加大力度推进生态文明建设、解决生态环境问题，坚决打好污染防治攻坚战，推动中国生态文明建设迈上新台阶。

在生态文明体制机制改革上，更大力度的改革持续推进。一直以来，生态保护领域和自然资源管控的机构较为分散，国家发展和改革委员会、国土资源部、水利部、农业部、国家海洋局等相关部委都有部分职责。多头管理、职责重叠带来了权责不清、效率较低、监管不到位等问题，需要整合理顺。中共十九大提出加强对生态文明建设的总体设计和组织领导的机构改革思路，要求设立国有自然资源资产管理和自然生态监管机构，完善生态环境管理制度，统一行使全民所有自然资源资产所有者职责，统一行使所有国土空间用途管制和生态保护修复职责，统一行使监管城乡各类污染排放和行政执法职责。2018年4月，经过深化机构改革，新组建的自然资源部、生态环境部先后挂牌。自然资源部主要职责是：对自然资源开发利用和保护进行监管，建立空间规划体系并监督实施，履行全民所有各类自然资源资产所有者职责，统一调查和确权登记，建立自然资源有偿使用制度，负责测绘和地质勘查行业管理等。生态环境部的主要职责是，制定并组织实施生态环境政策、规划和标准，统一负责生态环境监测和执法工作，监督管理污染防治、核与辐射安全，组织开展中央环境保护督察等。自然资源部、生态环境部的组建，是中国推进生态文明建设领域治理体系和治理能力现代化的一场深刻变革，有助于生态环保领域统一管理，有效行政。

　　加快建立绿色生产和消费的各项政策制度，建立健全绿色低碳循环发展的经济体系，是中共十九大报告的主要内容之一。随着经济社会转型的爬坡过坎，解决突出环境问题，形成绿色生产方式和生活方式更为实际的措施也不断出台，经济发展与生态改善开始良性互动。2018年4月，中央财经委员会第一次会议提出，要打几场标志性的重大战役，打赢蓝天保卫战，打好柴油货车污染治理、城市黑臭水体治理、渤海综合治理、长江保护修复、水源地保护、农业农村污染治理攻坚战，确保3年时间明显见效。2018年5月，全国生态环境保护大会提出了实现美丽中国的两个阶段性目标，加快构建生态文明体系，确保到2035年，生态环境质量实现根本好转，美丽中国目标基本实现；到21世纪中叶，物质文明、政治文明、精神文明、社会文明、生态文明全面提升，绿色发展方式和生活方式全面形成，人与自然和谐共生，生态环境领域国家治理体系和治理能力现代化全面实现，建成美丽中国。要依靠改革创新，提升环境治理能力。逐步建立常态化、稳定的财政资金投入机制，健全多元环保投入机制，研究出台有利于绿色发展的结构性减税政策。持续推进简政放权方面的改革，把更多力量放到包括环境保护在内的事中事后监管上。抓紧攻克关键技术和装备。强化督查执法，大幅度提高环境违法成本。引导全社会树立生态文明意识。确保完成污染防治攻坚战和生态文明建设目标任务。

# 七、精准扶贫的深入

中共十九大再次对打赢脱贫攻坚战作出部署，明确指出重点攻克深度贫困地区脱贫任务，确保到2020年我国现行标准下农村人口实现脱贫，贫困县全部摘帽，解决区域性整体贫困，做到脱真贫、真脱贫。3年时间要达到这个目标，一年要减少大约1500万贫困人口，需要因地制宜，因户制宜，因人制宜，因产业制宜，任务十分艰巨。2017年12月，中共中央政治局会议将精准扶贫作为2018年的三大重要任务之一，提出精准脱贫要瞄准特殊贫困人口精准帮扶，进一步向深度贫困地区聚焦发力，把扶贫、扶志和扶智结合起来，激发贫困人口内生脱贫动力，巩固扶贫成果，提高脱贫品质。2018年5月，中共中央政治局召开会议审议《关于打赢脱贫攻坚战三年行动的指导意见》，具体规划了到2020年的精准扶贫路径：完善脱贫攻坚考核监督评估机制，提高考核评估质量和水平，切实解决基层疲于迎评迎检问题；保持贫困县党政正职稳定，加强对脱贫一线干部的关爱激励；要开展扶贫领域腐败和作风问题专项治理，集中力量解决扶贫领域形式主义、官僚主义的突出问题，坚决依纪依法惩治贪污挪用、截留私分、虚报冒领、强占掠夺等行为。中共十九大召开后，扶贫开发工作内涵更加丰富，操作性更强，人民的发展机会和空间更加广阔。

# 八、对外开放新格局

## （一）对外开放的新思路和新实践

中国正处在从高速度发展转入高质量发展的关键节点，只有在改革开放中补短板、强弱项，才能拓宽发展空间、增强发展后劲，实现全面协调可持续发展。习近平指出，过去40年中国经济发展是在开放条件下取得的，未来中国经济实现高质量发展也必须在更加开放条件下进行。按照中共十九大的经济发展思路，2021—2050年将分两个15年安排。在对外经济开放方面，未来15年，中国市场预计将进口24万亿美元商品，吸收2万亿美元境外直接投资，对外投资总额将达到2万亿美元。中国承诺凡是境内注册的企业平等相待。正如习近平所指出的，"中国开放的大门不会关闭，只会越开越大"①。中共十九大后，中国与包括俄美等大国和越南、老挝、菲律宾等周边国家在内的世界各国联系更为紧密，与亚太经合组织

---

① 习近平：《决胜全面建成小康社会　夺取新时代中国特色社会主义伟大胜利——在中国共产党第十九次全国代表大会上的报告》，《人民日报》2017年10月28日。

会议、东亚合作领导人系列会议等多边经济机制经济的互动频繁。在美国总统特朗普访华期间，中美双方达成了2535亿美元的经贸合作大单，创造了中美经贸合作的纪录，同时也刷新了世界经贸合作史上的新纪录。在越南岘港亚太经合组织工商领导人峰会上，习近平提出："中国对外开放的脚步不会停滞。"[①]他指出，亚太要坚持建设开放型经济，促进贸易和投资自由化便利化，努力打造平等协商、广泛参与、普遍受益的区域合作框架。要支持多边贸易体制，引导经济全球化朝着更加开放、包容、普惠、平衡、共赢的方向发展。这表明了中国进一步扩大包括经济开放在内的全方位开放的决心。

2017年以来，全球贸易保护主义和经济民粹主义泛滥，逆全球化趋势明显。中国坚持对外开放的基本国策，坚持打开国门搞建设，更加自觉地注重经济全球化"贡献者"身份。中共十九大提出，促进"一带一路"国际合作，努力实现政策沟通、设施联通、贸易畅通、资金融通、民心相通，打造国际合作新平台，增添共同发展新动力。[②]中共十九大后，人类命运共同体概念和实践得到进一步深化体现。中越双方签署"一带一路"和"两廊一圈"建设政府间合作文件，为双方下阶段合作明确努力方向。此外，中国、老挝商定以中老铁路为依托共同建设中老经济走廊，成为倡议战略对接老挝"变陆锁国为陆联国"的重要成果。

---

① 习近平:《抓住世界经济转型机遇　谋求亚太更大发展——在亚太经合组织工商领导人峰会上的主旨演讲》，《人民日报》2017年11月11日。
② 习近平：《决胜全面建成小康社会　夺取新时代中国特色社会主义伟大胜利——在中国共产党第十九次全国代表大会上的报告》，《人民日报》2017年10月28日。

中共十九大指出，中国经济已由高速增长阶段转向高质量发展阶段，在对外经济开放领域，更加凸显外向经济内外统筹、互惠共赢的科学发展思路。中国致力于营造稳定、透明、可预期、公平竞争的投资环境，促进外资可持续发展，高质量发挥效益，宣布放宽金融领域外资持股限制。美国等发达经济体的优质资本加速进入中国金融市场，在享有中国市场结构性投资机会的同时，助推中国金融体系的改革开放和中国经济转型升级。继首轮中美全面经济对话后，中美在特朗普访华期间，就美国液化天然气开发等领域也达成合作共识，对中国企业"走出去"，实现资本输出有益，增加世界经济的相互依存性，也为美国拉动当地就业，复苏制造业和能源产业注入新的力量。2018年4月，习近平基于中国经济发展与改革开放进程的内在需求，在博鳌论坛上提出大幅度放宽市场准入、加强知识产权保护、加快国内金融服务业开放、主动扩大进口、对外商投资企业使用负面清单管理等新一轮对外开放举措。开放共赢的"中国方案"有力地回答了中国"开放还是封闭，前进还是后退"之问，得到国际社会的普遍赞誉。中国人民银行、中国证监会、国家外汇局等金融部门迅速行动，公布了开放的具体举措：允许外资控股合资证券公司；取消银行和金融资产管理公司的外资持股比例限制；大幅度扩大外资银行业务范围；允许符合条件的外国投资者来华经营保险代理业务等。

2018年4月13日，习近平在庆祝海南建省办经济特区30周年大会上，宣布支持海南全岛建设自由贸易试验区，支持海南逐步探索、稳步推进中国特色自由贸易港建设，分步骤、分阶段建立自由贸易港政策和制度体系。海南被定位于"改革开放的重要窗口、改革开放的试验平台、改革开放的开拓者、改革开放的实干家",这是全面深化改革开放、积极推动经济全球化的重大举措。

**（二）人类命运共同体构建的初步成就**

坚持和平发展道路,推动构建人类命运共同体。中共十九大后,习近平多次在国内外重要场合阐述构建人类命运共同体的重要思想。2018年3月11日,第十三届全国人民代表人会第一次会议通过的宪法修正案,将宪法序言第12自然段中"发展同各国的外交关系和经济、文化的交流"修改为"发展同各国的外交关系和经济、文化交流,推动构建人类命运共同体"。2018年6月,习近平在中央外事工作会议上指出,中国对外工

2018年4月,中国政府决定设立海南自由贸易试验区。图为在三亚凤凰岛,一艘邮轮驶出港口。

作要坚持以新时代中国特色社会主义外交思想为指导，统筹国内国际两个大局，牢牢把握服务民族复兴、促进人类进步这条主线，推动构建人类命运共同体，坚定维护国家主权、安全、发展利益，积极参与引领全球治理体系改革，打造更加完善的全球伙伴关系网络，努力开创中国特色大国外交新局面，为全面建成小康社会、进而全面建设社会主义现代化强国创造有利条件、作出应有贡献。中共十九大指出，中国坚持对外开放的基本国策，坚持打开国门搞建设，积极促进"一带一路"国际合作，努力实现政策沟通、设施联通、贸易畅通、资金融通、民心相通，打造国际合作新平台，增添共同发展新动力。①具体来说，一是将共建"一带一路"作为全方位外交布局深入展开的成果，包括发起创办亚洲基础设施投资银行、设立丝路基金、举办首届"一带一路"国际合作高峰论坛等。二是将"一带一路"建设作为陆海内外联动、东西双向互济开放格局的重点，说明引进来和走出去并重的途径与方式。三是将"一带一路"作为打造国际合作新平台，增添共同发展新动力的一个重大战略。

当前，世界格局处在加快演变的历史进程之中。加强全球治理、推动全球治理体系变革是大势所趋，"一带一路"建设正是其实践的一部分。构建"人类命运共同体"日益成为国际社会的共识，极大丰富了全球治理理念，也成为倡议的核心价值理念。人类命运共同体理念内含的平等协商精神顺应了人类社会对危机的共同担当，对未来的共同期许，对福祉的共

---

① 《决胜全面建成小康社会　夺取新时代中国特色社会主义伟大胜利——习近平同志代表第十八届中央委员会向大会作的报告摘登》，《人民日报》2017年10月19日第4版。

同创造。人类命运共同体理念提出和深化的目的，是推动国际秩序朝着更加公正合理的方向发展，增进不同信仰、制度和民族国家的共同利益，也包括共同的软实力。"一带一路"倡议文化价值观基于的是对人类共同发展的关注，人类命运共同体是"一带一路"倡议文化性质和方向的指向，对"一带一路"倡议文化价值体认、价值追求和价值实践正是人类命运共同体概念的具体深化。2018年6月，在青岛举行的上海合作组织成员国元首理事会第十八次会议上，习近平提出构建上合组织命运共同体五点建议：第一，凝聚团结互信的强大力量；第二，筑牢和平安全的共同基础；第三，打造共同发展繁荣的强劲引擎；第四，拉紧人文交流合作的共同纽带；第五，共同拓展国际合作的伙伴网络。与此同时，中国提出了切实可行的路径：未来3年，中方愿为各方培训2000名执法人员，强化执法能力建设；中方将在上海合作组织银行联合体框架内设立300亿元人民币等值专项贷款；中方将为各成员国提供3000个人力资源开发培训名额，愿利用风云二号气象卫星为各方提供气象服务。这充分说明，中共十九大后，各国之间合作与"一带一路"倡议的对接进入了新的阶段，人类命运共同体的构建必将为世界和平发展提供新机遇和新动能。

# 小　结

　　中共十九大后，全面建成小康社会进入决胜阶段。中国继续高举改革开放旗帜，提出了一系列新理念新思想新战略，全方位、宽领域、大力度、深层次地主动改革，中国特色社会主义建设事业进一步向前发展。但是中国的发展和实现"两个一百年"目标也存在着挑战，供给侧改革和产业结构升级需要科技创新和化解成本，环境保护压力越来越大，乡村振兴任重道远，国际环境日益复杂多变。但是中国也具有非常重要的四大优势：中国共产党的领导，经济规模大，人力资源丰富，人民勤劳吃苦精神。因此，中国必将续写辉煌，铺展出更加壮美的改革开放和发展图景，实现"两个一百年"的奋斗目标。

# 结束语
## 中国通过改变自己影响世界

从1978年12月中共十一届三中全会开始实行对内改革、对外开放的政策后，40年来，改革开放给中国的发展注入了强大的动力。中国经济快速发展，完成了从封闭半封闭的经济状态到全方位开放经济格局的伟大历史进程。中国成为世界上经济发展速度最快的国家，国家综合实力和人民生活水平极大提高。中国改革开放带来巨大的示范效应、辐射效应和学习效应，其途径、方式在经济、政治、文化、社会、生态、外交等诸多方面大大丰富和深化了中国特色社会主义的内涵和实践。从启幕到全面深入，40年来中国的改革开放朝纵深探索，逐渐转入全面制度创新的轨道。

**一、把握经济全球化的发展机遇，在理论和实践中形成对于全球治理的中国方案**

中国的发展离不开世界，改革开放以来中国共产党自觉把世界环境变化当作谋划国内发展的重要变量之一。20世纪80年代开始，经济全球化逐渐兴起，其特征是国际分工体系的演变导致的要素资源配置全球化。改革开放以来，中国不断适应全球化和区域一体化深入发展趋势，以越来越开放的姿态积极主动地融入世界，顺应了相互联系、相互开放、相互依存的时代潮流，有效统筹了国内国际两个大局。中国融入基于国际劳动分工一体化的世界经济体系不仅仅是对外经济开放的目的，更是全球化向包容普惠的方向合理发展的途径。对外经济发展呈现出明显的阶段性特点，深度和广度持续扩大。尤其是2001年11月中国正式加入世界贸易组织后，中国经济与世界经济的联系更加紧密，为中国经济和社会发展带来新的机遇。随着全球经济结构的调整，中国与世界的关系也发生历史性变化。中国已成为拉动全球经济增长的重要力量，由资本输入大国成为资本输出大国，不论是发达经济体还是新兴经济体，对中国市场的依赖程度都明显加深。新一轮科技和产业革命正在兴起，中国经济形势的稳定向好对全球化的继续深入意义重大。从和平与发展是时代主题的准确判断到人类命运共同体理念的提出，中国克服国际上民粹主义、极端民族主义和逆全球化的消极影响，在浩浩荡荡的时代潮流中积极参与、引领国际规则的制定，提出一系列理念和倡议引发广泛关注，解决全球普遍问题的中国方案和中国智慧得到积极响应。

改革开放初期，中国与国际市场基本相对隔绝。经过40年的对外经济开放，中国经济逐渐深度融入全球经济体系，对外开放的广度和深度不断拓展，成为世界贸易大国。2010年中国经济总量超过日本，居世界第二位，成为仅次于美国的世界第二大经济体。40年来，中国对外经济抓住全球化机遇，通过逐步改革使生产企业由脱离国际市场逐步走向国际市场，既大规模"引进来"，也大踏步"走出去"。这加快了中国企业的转型升级，增强了国际竞争力和影响力，也为东道国增加了就业和税收、提高了技术水平，从总体上有利于带动双方经济的更好发展。中国"走出去"的大部分企业积极履行经济责任和社会责任，热心投身公益事业，受到当地普遍赞誉和欢迎，向世界展现了社会主义中国乃至社会主义国家的崭新开放形象。随着"一带一路"建设的深入，中国企业"走出去"对外投资合作的形式和内容不断创新，全球化经营程度不断提高， 2015年末对外直接投资存量首次超过万亿美元大关。2016年，中国境内投资者共对全球164个国家和地区的7961家境外企业进行了非金融类直接投资，累计实现投资11299.2亿元人民币，同比增长44.1%。

作为全球第二大经济体，中国对外经济的发展不仅带动国内经济成长，也通过优势互补、互利共赢和共同发展增进了全球经济的福利，成为全球经济增长的新动力。中国经济对世界经济增长的贡献不断提高，表现出了改革开放给中国经济注入的巨大活力。纵览改革开放40年来的历史，中国走过了不平凡的历程，一直坚持统筹国内国际两个大局，对世界政治经济的稳定起到了重要作用。1997年的亚洲金融风暴，中国对外履行人民币不贬值的诺言，以大量资金投入外汇市场维持人民币市值，并通过国际机构和双边援助支持东南亚国家的经济。这有效维护了东南亚的经济秩序，在对外经济中树立起负责任的大国形象。2008年下半年，由美国次贷危机引发的国际金融危机爆发，世界经济进入深度调整期，欧、美、日等主要经济体对世界经济增长的带动普遍减速，全球贸易投资增速大幅下滑。中国积极实施互利共赢的对外经济开放，引导经济向更加可持续的方向发展，成为带动世界经济复苏的重要引擎。中国对外经济保持了增长的稳定性，特别是2012年后随着供给侧结构性改革的深入，着力完善对外开放的体制机制，加快转变外贸发展方式，促进"引进来"与"走出去"协调发展，对外经济开放在逆势中实现了新的跨越。2017年中国对世界经济增长的贡献率约占1/3，对未来世界经济的贡献还将持续增加。

生产经营国际化和全球经济一体化的发展很快，使中国在国际经济体系中赢得日益重要的主导权和话语权，对外开放的成就与经验成为中国参与全球治理的坚实基础。中国改革开放以来的对外开放，充分发挥比较优势，利用国际国内两个市场、两种资源，是与世界经济一体化相互融合的开放。40年来，出口市场多元化取得良好成效，美、日、欧盟等传统市场进一步巩固，对东盟、美洲和非洲等新兴市场的出口比重进一步提升。中国已经成为全球120余个国家和地区的第一大贸易伙伴，在全球贸易格局中的地位显著上升。从建设第一个对外开放的试验城市深圳特区了解和接受国际经济规制开始，到加入世贸组织和其他国际、区域组织跻身多边贸易体制，影响和参与建设国际规制，再到提出共同构建人类命运共同体理念，积极实施"一带一路"倡议，经过40年的历程，中国实现了与世界各国的共享共建共赢发展。中国不断适应从被动到主动、从外围到核心的新角色，找准新定位，从国际分工体系的进入者到国际规制的适应者，再到国际公共产品的提供者。习近平在中共十九大上作出了中国特色社会主义进入了新时代的科学论断。新时代论断涵盖的领域包括国际经贸、大国外交、经济交流等方面，中国在对外经济领域也进入了新时代，对构建国际政治经济新秩序发挥越来越大的作用。"一带一路"倡议不仅成为中国国内陆海内外联动、东西双向互济开放格局的重点，引进来和走出去并重的途径与方式，更是中国积极参与全球经济治理和规则决策，为构建广泛的命运共同体贡献智慧和力量的全球治理崭新方案。

### 二、坚定不移地扩大对外开放，实现越来越广泛的互利共赢

改革开放以来，国内外环境不断发生复杂变化，对外开放几经重大风险挑战，范围持续扩大，质量全面提升。中国共产党深刻把握国内国际发展大势调整对外经济政策，奉行互利共赢的开放战略，创造出全面、深入、多元的对外开放格局，涉及思想观念、结构布局、体制机制等诸多方面。扩大对外开放是中国的战略选择，40年来从未有过停滞，更不会走回头路。在中共十九大上，习近平指出，推动形成全面开放新格局。开放带来进步，封闭必然落后。中国开放的大门不会关闭，只会越开越大。[①]

在理论和实践上，中国的改革开放有效地处理了三对辩证关系。一是对外开放与自力更生的辩证关系。将对外开放与自力更生统一起来为中国特色社会主义建设服务。中国的发展离不开世界，中国要发展、进步、富强，就要吸收和借鉴世界上一切先进的东西，闭关自守只能导致落后。自力更生并不等同于闭关自守，并且需要对外开放来增进自身能力。实行对外开放以自力更生为基础的，同时注重国家经济安全。二是社会主义发展与资本主义发展的辩证关系。改革开放之初，中国面临的就是资本主义国家在经济科技方面长期占优势，在国际规则中占主导地位的现实。40

---

[①] 习近平：《决胜全面建成小康社会 夺取新时代中国特色社会主义伟大胜利——在中国共产党第十九次全国代表大会上的报告》，《人民日报》2017年10月28日。

年来，中国共产党深化马克思列宁主义关于学习利用资本主义的思想，善于吸收一切人类文明成果。中国认识到全球经济一荣俱荣，一损俱损的道理，有选择地利用资本主义。将"引进来"与"走出去"相结合，坚持协调合作，主动参与全球资源配置，实现经济结构升级，不断提高中国在全球范围内配置各类资源、集聚创新要素的能力和效率。三是全球化与区域化的关系。全球化与区域化并非一对完全矛盾的概念，呈现出的是互动发展的制度演进新趋势。全球化战略需要落实到具体的路径规划，区域化则需要落实到地区与国际合作的模式上来。如何有效利用多边主义与双边主义的平衡，最大化世界现实和未来的发展利益，建立公正合理的国际新秩序，需要的是政治智慧和负责任大国的担当。"一带一路"倡议就是中国在对多边主义协定和区域主义协定的选择中，有效地利用全球化与区域化各自的优点，创设出的以公正合理、开放包容为文化特征的崭新模式，是对全球治理体系的贡献，为缔造合作共赢的人类命运共同体提供新的方案和经验。

### 三、逐渐探索认识中国改革开放的规律和理论特征

中国的改革开放是一个不断探索前行，一步步扩大对外开放，融入世界潮流的进程。改革开放的起步阶段，在历史上没有先例可循，面临的政治经济情况可谓极为多面、复杂。全面实行改革开放不仅需要可持续的勇气，也需要看得见的成功典范给予人们信心，凝聚共识。对外经济开放可以说是中国对外开放的突破口和经济体制改革的"试验田"，显现出以经济建设为中心，实行改革开放的第一波红利，创造了生产发展与产业结

构调整的契机。40年来，中国经济在由传统的计划经济体制向社会主义市场经济体制的转变过程中发生了深刻的变化，政企不分、自成系统、垄断经营、行业分割的局面逐步改变。对外贸易年均增长速度超过了全球贸易同期平均增长幅度，在国际市场所占份额稳中有升，强有力地说明了中共十一届三中全会将党和国家工作的重点转移到社会主义现代化建设上来战略决策的正确性。经济实力的不断增长加强了中国的综合国力，夯实了改善人民群众生活的基础条件。对两个市场、两种资源的利用提高了社会经济的总体效本，保障了国内资源能源供应，更在深层次上推动了中国工业化、城镇化、信息化、农业现代化的进程。2010年，中国制造业产出占全球的比重升至19.8%，成为世界第一制造业大国，增添了中国经济走向成熟和强大的自信心。

改革开放以来中国道路的成功符合发展规律，是中国特色社会主义建设长期探索的结果，为中国的发展乃至世界的发展提供了新经验与新路径。在对马克思主义理论的继承与创新的基础上，中国的改革开放在丰富的实践中形成了自身的理论要素，需要总结归纳。比如，中国作为一个发展中国家，其开放模式及取得的国际经济影响力是传统的"中心—外围"理论难以解释的。中国积极推动国际价值链的重塑，创造了贸易结构和投资结构转型的中国模式。世界经济普遍联系，互相融合，事实说明，世界经济在全球化的趋势中具有共同的发展规律，联系脉络和形态演变趋于同步。用好国际国内两个市场、两种资源有利于培育发展发展的新动力，优化劳动力、资本、土地、技术、管理等要素配置。实践证明，改革开放40年来中国的改革开放及其成就，在中华人民共和国发展史上、中华民族发展史上具有重大意义，在世界社会主义发展史上、人类社会发展史上也具有重大意义。